"读懂中华文明"系列

读懂秦汉文明

华惠 编著

远方出版社

图书在版编目（CIP）数据

读懂秦汉文明 / 华惠编著. -- 呼和浩特：远方出版社，2024.9. --（"读懂中华文明"系列）.
ISBN 978-7-5555-1970-6

Ⅰ. K232.03

中国国家版本馆CIP数据核字第2024XC6593号

读懂秦汉文明
DUDONG QINHAN WENMING

编　　著	华　惠
责任编辑	李嘉麟
封面设计	李　玉
版式设计	姚　雪
出版发行	远方出版社
社　　址	呼和浩特市乌兰察布东路666号　邮编 010010
电　　话	（0471）2236473总编室　2236460发行部
经　　销	新华书店
印　　刷	北京洲际印刷有限责任公司
开　　本	710毫米×1000毫米　1/16
字　　数	180千
印　　张	13.5
版　　次	2024年9月第1版
印　　次	2024年9月第1次印刷
标准书号	ISBN 978-7-5555-1970-6
定　　价	66.00元

如发现印装质量问题，请与出版社联系调换

前 言

公元前221年，秦始皇统一六国，建立了中国历史上第一个封建中央集权制国家——秦。秦南征北战、纵横四方的同时，吸收融汇了不同地域的文化，大一统之后又采取了一系列积极的改革措施，使秦朝的政治、经济、文化都达到了一个全新的高度。

汉朝（公元前202年—220年）分为西汉和东汉，是继秦朝之后又一个强盛的大一统帝国。

秦汉文明大发展的原因包括国家统一局面的形成，以及封建经济获得较大程度的进步和中外交流的频繁等。这种大发展既是对先秦文明成就的总结和升华，又为此后2000多年封建文明的发展奠定了基础。

秦汉时期经济的进步促进了秦汉文化的繁荣，许多科技成就既是秦汉文化发展的表现，又是秦汉经济发展的动力。

秦汉时期形成的政治统一帝国，促进了各地人民的生产生活交流，为秦汉文明的进一步发展创造了条件。此外，秦国的政权组织形式也促进了秦汉文明的发展。秦始皇统一文字，汉武帝大兴儒学教育、鼓励对外交流等举动，都有利于文化的发展。民族交流的增多有利于文明的进步，外来

文化的传入也促进了秦汉文明的多样化。

数学、中医、造纸等成就一脉相传，不断地发展，流传至今。我们现在依然为万里长城、秦始皇陵兵马俑的气势而惊叹，这些已不仅是中国人的宝贵财富，也是整个人类的宝贵遗产。

在秦汉时期，儒家思想在诸子思想中逐渐取得独尊地位，也开始成为中国封建社会的指导思想，影响了近2000年的封建社会。《史记》《汉书》等一系列史学作品的问世也受到了大家的推崇。

秦汉时期的文明，正是在各地区、各民族人民不同文化的基础上统一起来的，而在统一的前提下，又保持着各地区、各民族间不同程度的文化差异。这种差异并不妨碍统一，相反它们构成了中华文化的丰富内涵。正是由于这些多样化的文明存在，才使我国的物质文明和精神文明不断进步、不断发展，并在世界上产生了深远的影响。同时也使我国成为世界上罕见的绚丽多彩、深厚宏博的文明古国，奠定了中华文明在当时世界上的领先地位。

目 录

第一章 大一统国家——中华文明的多样化统一

大一统的秦汉文明 …………………………………… 002
皇帝制度 …………………………………………… 003
中央集权的政治制度 ………………………………… 006
秦朝财税制度的统一 ………………………………… 009
统一的币制 ………………………………………… 011
文化思想的统一 …………………………………… 013
董仲舒的大一统思想 ………………………………… 015
扩展阅读 开国皇帝汉高祖 …………………………… 019

第二章 四通八达——畅通无阻的秦汉交通

"车同轨"促进交通进步 ……………………………… 024
秦代的交通运输管理 ………………………………… 026
多样化的秦汉交通工具 ……………………………… 031
最早的"国道" ……………………………………… 035

人性化的汉代交通服务	038
汉代都市交通及其管理	042
扩展阅读　徐福东渡	048

第三章　独具匠心——灿烂的秦汉手工业 >>>

丝绸与纺织技术	052
秦汉漆器制造业	056
秦汉时期的酿酒业	058
秦汉时期的制盐技术	061
船只制造业	064
扩展阅读　马王堆的"蝉翼衣"	067

第四章　日新月异——人类书写的进步 >>>

秦汉早期的帛书	070
西汉的植物纤维纸——灞桥纸	072
蔡伦改进造纸术	074
造纸术对世界文明的影响	076
汉代书籍的繁荣	078
扩展阅读　先进的造纸加工技术	082

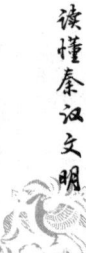

第五章 秦砖汉瓦——辉煌的中国传统建筑

坚固耐用的秦砖 ··· 086

美妙绝伦的秦瓦 ··· 088

富丽豪华的汉瓦当 ······································· 093

豪放朴拙的宫殿建筑 ····································· 097

伟大创举——长城 ······································· 101

秦汉陵墓建筑 ··· 105

建筑的装饰：画像砖 ····································· 109

画像砖上的民生万象 ····································· 112

扩展阅读　萧何与未央宫 ································· 117

第六章 精雕细琢——规模化的秦汉雕塑

秦汉石雕艺术 ··· 122

秦汉的陶器 ··· 126

兵马俑：中华文明的奇迹 ································· 131

两汉陶塑 ··· 134

生动多彩的汉代说唱俑 ··································· 136

扩展阅读　秦汉时期的木雕 ······························· 138

第七章　乐舞百戏——中国戏曲艺术的雏形

汉乐府的建立 …………………………………… 140

开放的汉舞文化 ………………………………… 142

场面壮观的百戏歌舞 …………………………… 145

角抵戏的出现 …………………………………… 147

初步形成的傀儡戏 ……………………………… 150

汉代的鼓吹乐 …………………………………… 152

秦汉歌舞艺术 …………………………………… 154

东汉的"杂技团" ……………………………… 159

第八章　古朴典雅——秦汉时期的家具艺术

低矮家具的鼎盛时期 …………………………… 164

家具的髹漆与纹饰 ……………………………… 167

精美的竹器家具 ………………………………… 169

汉代的家具——案 ……………………………… 172

古朴的汉代屏风 ………………………………… 174

扩展阅读　汉代的床榻 ………………………… 177

第九章 光芒永驻——秦汉时期的科学文化成就

秦汉时期的天文历法 ·········· 182

张衡与地动仪 ·········· 185

数学专著《九章算术》 ·········· 187

医学巨著《神农本草经》 ·········· 189

张仲景与《伤寒杂病论》 ·········· 192

纪传体巨著《史记》 ·········· 195

断代史巨著《汉书》 ·········· 199

扩展阅读 华佗的"神药" ·········· 202

第一章
大一统国家——中华文明的多样化统一

西汉平帝时期，全国人口达6000万左右，占当时世界人口的1/3。西汉文化的统一，以儒家文化为代表的东亚文化圈的建立，为此后2000多年的社会发展奠定了基础，为中华文明的延续和繁荣发展做出了巨大贡献。生活在这片土地的人从此也逐渐被称为"汉族"。

大一统的秦汉文明

春秋战国时期（公元前770年—前221年），几十个小国分别占据一隅。即使在春秋以前的夏、商、周时代，王国的范围也是有限的。

自公元前221年秦王朝建立后，在"地东至海暨朝鲜，西至临洮、羌中，南至北向户，北据河为塞，并阴山至辽东"（《史记·秦始皇本纪》）的辽阔土地上，第一次出现了一个统一的中央集权的封建国家。统一的秦王朝出现，是长期以来经济文化发展的结果，也是符合广大人民需要的。因此，在统一前的相当长时间内，中国境内各地区不同的文化已经开始加速交流和融合，为统一创造了条件。在秦王朝建立以后，统一的国家则进一步促进了社会各方面的统一。如在政治制度方面，从中央到地方都统一实行中央集权的封建制度，"以诸侯为郡县"，又"治驰道"（《史记·秦始皇本纪》），"东穷燕齐，南极吴楚，江湖之上，濒海之观毕至"（《汉书·贾邹枚路传》），把咸阳同全国各地紧密地联系在一起。同时还统一了文字、度量衡等，这些措施无疑加强了各地文化的统一发展。秦始皇又不断采取行政措施,矫正落后的习俗,如针对会稽一带的淫乱风气,专门立石宣布:"夫为寄豭,杀之无罪""妻为逃嫁,子不得母"(《会稽刻石》,见《史记·秦始皇本纪》)。这一系列措施终于使秦汉时期的文明呈现出前所未有的统一。

秦汉时期文明的统一趋势,在文献中被概括为"今天下车同轨,书同文,行同伦"(《礼记·中庸》)。"车同轨"就是"共同的经济生活",反映了"经济的联系性";"书同文"就是"共同的语言";"行同伦"就是"共同文化上的共同心理素质"(见范文澜《中国通史简编》)。这样,中华民族统一的文明出现了。

皇帝制度

公元前221年,秦国在灭掉韩、赵、魏、楚、燕、齐六国之后,建立了中国历史上第一个统一的、多民族的中央集权制国家。秦王嬴政也成了中国历史上的第一个皇帝。

在秦朝以前,中国历代的最高统治者都称王。周朝王以下的爵位有公、侯、伯、子、男。从春秋末年到战国时期,奴隶制社会中"礼崩乐坏"的状况愈演愈烈。旧制度被冲垮，战国七雄相继称王。昔日唯我独尊的名号被许多人堂而皇之地采用了。公元前221年，秦王嬴政完成统一大业后，面对"六合之内，皇帝之土"的美好江山，他认为王的称号已经无法表达自己的威严和事功了，于是下令群臣商议新的名号。当时的丞相王绾、御史大夫冯劫、廷尉李斯等人奉命计议一番，向嬴政提出了如下建议。昔日五帝地方千里，其外侯服夷服，诸侯或朝或否，天子不能制。今陛下兴义兵，诛残贼，平定天下，海内为郡县，法令由一统，自上古以来未尝有，五帝所不及。臣等谨与博士议曰："古有天皇，有地皇，有泰皇，泰皇最贵。王为'泰皇'，命为'制'，令为'诏'，天子自称曰'朕'"。

嬴政斟酌其建议，决定采用"泰皇"的"皇"字和"五帝"的"帝"字，将自己的名号定为"皇帝"。从此，皇帝作为中国封建时代最高统治者的名号一直沿用了2000多年。嬴政又追尊自己的父亲庄襄王为"太上皇"，决定取消夏、商、周以来的谥法，今后不用再给死去的皇帝上"文、昭、武、襄、惠"之类的封号了。因为他认为，给死去的王封谥号是子议父、臣议君，很不合适。他为始皇帝，后世就以数计，二世三世至于万世，传之无穷。

由此开始，与皇帝有关的一套制度初步形成，如"朕"是皇帝独享的称谓，"制""诏"是皇帝命令、文告的独特形式，"陛下"是臣民对皇帝的尊称，"乘舆"指皇帝的车马、衣服、器械等物，"玺"即皇帝之印。皇帝的亲属也有了独有的称谓，如皇帝父曰太上皇，母曰皇太后，妻曰皇后，子曰皇太子、皇子，女曰公主等。与之相联系，又有了太子制度、后宫制度、外戚制度和宦官制度等。但由于年代久远和资料湮灭，其原始面貌已难以厘清了。

接着，嬴政依据"五德之运"推定了秦朝相应的一套正朔、服色、车马制度。他认为周是火德，秦代周，水灭火，秦当为水德。五行中水色黑，对应的数字是六，所以衣服、旄旌、节旗皆以黑为主，各种制度皆以六为纪，如符、法冠皆六寸，舆六尺，六尺为一步，乘六马。朝贺皆自十月朔，并改称黄河为德水。

由于秦朝存在的时间很短，秦始皇所建立的皇帝制度只是初具规模，在没有进一步完备的情况下，秦朝就灭亡了。不过应该承认，他所建立的皇帝制度在许多方面都具有首创性，而这些制度绝大部分都被汉朝继承了下来。此后2000多年间，虽然历代王朝都对皇帝制度有所损益，但秦朝确立的这个制度的基本框架和精神却基本上没有太大变化。

统一度量衡与统一文字

在秦统一全国前，度量衡方面的情况与货币相似，非常混乱。秦在商鞅变法时就对度量衡的标准做过统一规定。统一全国后，秦统治者以秦国的制度为基础，下令统一度量衡，并把诏书铭刻在官府制作的度量衡器物上，发至全国，作为标准器。

由于战国时代长期处在分裂割据中，语言文字差异很大，而且东方六国的文字难写、难认，偏旁组合、位置也无一定规律，严重阻碍了文化的交流。公元前221年，秦始皇令人以秦国通行的文字为基础制定了小篆，颁行全国，这一举措促进了文字的统一。

中央集权的政治制度

统一中国后,秦始皇深感过去的国家组织机构已不能适应新形势的需要,于是采取一系列措施,调整、完善和加强了中央集权制度。

贯穿数千年的封建制度,也形成于秦汉时期。

战国时期,秦、齐、楚、燕和韩、赵、魏,都先后通过变法向着封建社会前行。但同是封建制度,在各个诸侯国中却有着各不相同的特点。各国的封建制度差异很大,主要表现在君主专制集权的程度上,如齐、楚、魏确立封建制度后,一方面实行郡县制,同时又都保留着封君制度。这些封君固然不同于奴隶时代的诸侯,已是"封建贵族性质",但由于这些封君贵族在各国的权力、地位和对国政影响的不同,因而使各国君主专制和中央集权的程度大不一样。如齐之孟尝君在当时的势力已经超过齐国的国君,"使齐重于天下者,孟尝君也"。孟尝君和魏国的信陵君、赵国的平原君均保持着世袭制。楚国自吴起变法以后,国内军政大权也始终在屈、昭、景三家贵族之手。

至于在西方的秦国,情况则大不一样。秦国自建立以来即保持着中央集权统治。商鞅变法以后,虽然也保留了封君制度,但与上述诸国的封君不同。第一,秦国封君不世袭。第二,封君的势力从未超过君主的权力。像战国时期秦国势力最大的三个封君,商君商鞅、穰侯魏冉和文信侯吕不韦,虽然都曾权倾一时,炙手可热,但他们的权势皆建立在国君支持的基础上,一旦失掉国君支持,就会立即垮台。如商君在秦孝公死后被惠文王车裂,魏冉则因范雎向秦昭王的挑拨离间而被逐,吕不韦更因触及秦王的逆鳞被免相、迁蜀以至饮鸩自尽。可见,秦国的封君根本没有与国君分庭抗礼的力量,这是与齐、魏、赵、楚等国封君的不同之处。它表明秦国国君集权的程度高于其他各国。与此相应,各国的官制也有一些区别,例如在将、相之下,除秦以外多数诸侯国均设有司徒、司寇、司空、司马等官职,很明显这是继承西周时的旧制。秦国则是另一系统,设有大良造、左更、中更、左庶长、庶长等官职。这些官职均与秦国中央集权的制度有密切关系,也显示出了各国制度之间的差异。

上述种种差异,在秦统一六国以后才逐渐消失。权力的高度集中,则成为统一的秦王朝的基本特征。

权力的高度集中,首先表现为皇帝有至高无上的权力。国家的一切权力均掌握在皇帝手中,皇帝的诏令是立法的根源,皇帝本人是国家最高司法裁决者。权力高度集中的第一结果,必然是个人专断。如秦始皇时,"天下之事无小大皆决于上,上至以衡石量书,日夜有呈,不中呈不得休息"。这种情况在当时被认为是由于秦始皇贪于权势而造成的。其实,这是制度本身造成的。皇帝只有将一切权力紧紧地掌握在自己手中,才能维持住这种君主专制的封建制度,否则大权旁落,不仅君主个人地位不保,

封建制度本身也会动摇。

权力集中的第二个结果是家天下的程度进一步加深。自秦始皇开始，就妄想世代为皇帝，他死后帝位由儿孙继承，"后世以计数，二世、三世，至于万世，传之无穷"。这种家天下的君位世袭，一直在封建社会延续了2000年之久。汉代为巩固这种君主世袭的家天下制度，又加强了宗法制，即"立子以嫡不以长，立嫡以长不以贤"的嫡长子继承制。这种宗法制后来又成为地主贵族、皇室对于财产和权力分配的重要原则。这一切均在秦汉时期确定，而贯穿于此后的整个封建社会时期。

秦汉时期也开始实行封建官僚政治。由于秦统一中国后总结了战国以来本国和东方各国官僚统治的经验，秦汉时代建立的官僚统治体系有一个明显的特点，即军、政、监察分权，三者相互牵制，以便于皇帝在上独断。如秦时开始确立的"三公"——丞相、太尉、御史大夫，为皇帝以下最大官职，其中丞相"掌丞天子，助理万机"，但兵权却在"主五兵"的太尉手上，其地位与丞相相同。御史大夫掌监察，虽地位略低于丞相和太尉，但其职位很重要，常在国君左右，所谓"执法在傍，御史在后"，负责起草诰命文书和保管文件，更重要的是其可以充当皇帝耳目，监察百官。在制度上保障三者互相牵制，任何一人都不能总揽大权，只有皇帝一人才可统理万机。

地方各郡也一律置郡尉、郡守、监察史，郡守治民，郡尉典兵，监御史负责监督百姓及官吏，一直到县以下的基层，仍能看出这种组织原则。事实证明，这样的官僚系统一方面便利了地主阶级对广大劳动人民的统治，另一方面也从制度上保障了皇帝的个人专断。这样的体系为此后历代封建帝王所继承，在以后的2000多年中，不论是隋唐以后的三省六部制，还是内阁制，其基本原则都是三权分立、相互牵制。

秦朝财税制度的统一

公元前221年，秦建立了中国历史上第一个统一的封建王朝——秦朝，结束了春秋战国以来诸侯长期割据称雄的时代，中国进入了一个新的历史时期。秦汉是中国进入封建社会之后的第一个重要历史阶段，从秦统一全国到东汉政权终结（公元前221年—220年），共计440多年，中国社会在政治、军事、经济和财税制度等方面，都发生了巨大的变化，特别是在封建财税制度建设方面，有许多重要创举，为后世封建财税制度的发展奠定了基础。

秦王朝为了巩固和加强新建的国家政权，消除长期分裂割据所造成的地区差异，在对政治、经济进行改革的同时，在财税上也相应地采取了一系列重大的改革措施。

第一，统一全国赋税制度。战国时期，诸侯各自为政，各国赋税制度极不统一。魏国用李悝行"尽地力之教"，按田征税，秦国则实行田租、口赋制度。自商鞅变法后，封建土地私有制在秦国得到确立，统一中

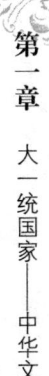

国后，秦又把这种封建土地所有制推行到全国。秦始皇三十一年（公元前216年）颁布"使黔首自实田"，即令占有土地的人向当地官府自行呈报所占土地的数额，国家据以按亩征税。在确认封建土地所有权的基础上，统一了赋税缴纳制度。

第二，统一货币。秦统一货币后，克服了过去换算上的困难，便利了全国商品的流通，促进了经济发展。此外，这也为商品生产的发展提供了条件，便利了国家赋税的征收。

第三，统一度量衡。战国时期，由于诸侯长期割据，各国的度量衡也不一致，秦统一后，颁布了统一度量衡的诏书，规定六尺为一步，二百四十步为一亩。凡制作的度量衡器物都要刻上诏书，民间不得私造。容量单位有合、升、斗，其换算方式是十进制。重量单位有两、斤、钧、石，十六两为一斤，三十斤为一钧，四钧为一石（一百二十斤）。长度单位有寸、尺、丈、引，其换算方式是十进制。度量衡的统一，不仅有利于工商经济的发展，同时也便利了国家赋税的征收。

第四，统一官俸。秦以前，官吏多为世袭，大夫、公、卿各有封地，也就是实行分田制禄，国家不需要从财政上支出俸禄。秦统一后，废分封，置郡县，立百官之职。官吏一律由朝廷任免，废除了官职世袭制，也取消了"食邑""食封"制度。官吏的生活开支，由国家确定官秩等级，按规定的俸秩标准发放俸禄。

第五，统一财政管理机构。秦代将国家财政同皇室财政分开，管理国家财政的专职机构为治粟内史，管理君主私财的机关为少府，各设官分职。在地方，郡县也有专门人员负责财政工作。秦始皇统一财政管理措施，有利于改变诸侯长期割据所造成的财政分散混乱的现象，稳定了社会政治经济，也为之后的财政制度奠定了基础。

统一的币制

秦始皇嬴政统一中国以后,经济迅速发展,商品流通也日益兴盛,从此我国进入了古代商品经济发展的第一个高峰期,在这个基础上渐渐形成了我国历史上第一个结构规范完整的钱币体系。

约在公元前210年,秦始皇嬴政颁布了中国最早的钱币法,下令废弃各国的旧钱币,在全国范围内使用秦国圆形方孔的半两钱,史书记载半两钱重约8克。钱币的统一结束了中国古代钱币形状各异、重量悬殊的混乱情况,是我国古代钱币史上由形状杂乱向形状整齐规范的一次重要变革,也是我国历史上的第一次重要的钱币改革。

据《史记·平准书》记载:"及至秦中,一国之币为三等,黄金以镒名,为上币,铜钱识曰'半两',重如其文,为下币。而珠玉、龟贝、银锡之属为器饰宝藏,不为币。"《汉书·食货志》也有类似记载。根据这些记载和考古资料,秦统一货币的具体内容主要有如下几点。

第一,统一货币的种类。废止六国货币,定币制等级,黄金为上币,

主要用于大型交易、赏赐、馈赠等。铜质货币为下币，主要用于日常交易、交纳赋税等。以前在一定程度上起到过货币作用的珠玉、龟贝、锡银等物品都不能再用作货币。黄金没有铜质货币那样正式的形制，其流通范围也有限。铜质货币早在先秦时期就十分盛行，秦时更被作为全国主要的法定货币。以铜币而不是金银货币作为主币，在秦朝就已经成为定制。咸阳长陵车站曾出土一坑废铜和六国废币，其中有齐燕刀币、三晋平首小布、楚国蚁鼻钱及长布等，除蚁鼻钱外均属残币，这是聚六国旧币而熔于咸阳的反映。

第二，统一货币的名称。铜质货币称"铜钱"或"钱"，取消布、刀等名称。

第三，统一货币的形制。方孔圆钱是秦国的主要钱币，在战国晚期又通行于楚国之外的其他地区，秦统一后将其作为法定货币自然在情理之中。当然，方孔圆钱也确实有其自身的优点，如圆转耐磨、携带方便等。其又与"天圆地方"的古老观念有联系，于一钱之中，天地皆备，万宇一统，象征君临万方，皇权至上。

第四，统一货币的单位。钱面均铸"半两"以记重，规定重如其文。《史记·平准书》说，西汉初年"为秦钱重难用，更令民铸钱"，说明秦钱总体上较为厚重。《史记·六国年表》记载，秦二世胡亥即位后"复行钱"，即再一次颁布币制和发行半两钱，这次的半两钱可能减重甚多。

第五，统一货币的立法。颁布《金布律》，以法律的形式管理古代货币。收回铸钱权，由官府统一铸造，不许民间私铸。在睡虎地秦简《封诊式》中就记载有一起破获私自铸钱的案例。

因法律法规的约束，秦钱私铸的情况较少发生，但秦地疆域广阔，在一些远离都城的偏远地区，仍存在地方官府铸钱的情况。例如，在今安徽池州市贵池区和四川高县就出土有秦半两钱范。

总之，秦统一币制是巩固封建统治、加强国家统一的重要环节，是发展封建经济的重要手段，对扩大经济交流和市场起到了积极作用，并对以后的钱币体制建设有深远影响。这种具有宇宙"地方天圆"含义的半两钱形制从这个时候固定下来，一直沿用到民国初期，通行了2000多年，成为中国钱币发展史上一座重要的里程碑。

文化思想的统一

春秋战国时期，居住在长江和黄河流域的各民族，在思想文化方面的差异也是相当大的。从考古资料和文献记载方面都可以明显地区分出存在着以楚为代表的长江流域，以齐鲁、三晋为代表的中原和以秦为代表的黄河上游地区等三个文化体系，直到战国末期还是如此。如在葬式方面，当时多数地区均实行俯身葬或仰身直肢葬，而秦国等西部地区则实行屈肢葬。这种屈肢葬的范围，随着秦国的发展而逐渐向东扩展。

在习俗方面，楚地的"断发文身""披发左衽"显然与中原的"宽袍博带""束发冠巾"迥异。秦国的艺术与中原各国也有很大不同,"夫击瓮叩缶,弹筝搏髀,而歌呼呜呜快耳目者"之秦声与"其细已甚"的郑卫之声显然为两种格调。各国历法的不同更反映了文化的差异。春秋战国时代有几种不同的历法——夏历、殷历和周历,而秦则使用颛顼历,与上述三种历法分别以建寅、建丑、建子之月为岁首不同,秦以建亥之月为岁首。

秦统一中国以后,随着封建经济的发展和统一的封建国家的建立,文化思想领域也开始统一,所谓"书同文,行同伦"指的正是秦统一后的事实。公元前221年,秦始皇下令对各国原来使用的文字进行整理,规定以秦小篆为统一书体,又令李斯、赵高、胡毋敬等人用小篆体编写了《仓颉篇》《爰历篇》《博学篇》作为标准文字范本,在全国推行。与此同时,更加简便的隶书也出现了,这种字体也逐渐形成一种固定的、规范化的字体。统一文字的措施对我国2000余年文化的发展有着深远的影响。

"行同伦"反映了思想和心理素质的统一。秦始皇时代下令"以吏为师",推进了思想统一的步伐。汉代自董仲舒提倡"罢黜百家,独尊儒术"以后,儒家思想的主要部分,即"礼、仁、德"等逐渐成为普遍的伦理规范。这些伦理思想的形成,与汉代立太学、郡学、授五经以及种种文化措施是分不开的。正如董仲舒所说"明教化民,以成性也"(《汉书·董仲舒传》)。秦汉时期的统治者利用统一的国家机器,相对地达到了统一思想和伦理规范的目的。

焚书

焚书即指秦始皇为了统一思想、钳制人民,下令凡是"秦记"以外的列国史记和医药、占卜、种树等技术实用类以外的书,全部烧掉。

董仲舒的大一统思想

董仲舒(约公元前179—前104),广川(今河北景县)人,他从青少年时代起就博览先秦诸子著作,钻研《公羊春秋》和阴阳五行学说,曾"三年不窥园""乘马不觉牝牡",达到如醉如痴的程度。因而他很快声名大震,下帷讲学,被汉景帝任为博士。汉武帝即位后"举贤良文学之士",他三次参加对策,详细阐述了天人感应、君权神授理论,并提出"罢黜百家,独尊儒术"的建议,得到汉武帝的赏识,被派到江都王那里担任了十年国相。公元前135年,他借长陵高园殿失火和辽东高庙失火推演灾异,下狱当死,后被赦免,罢官家居,教了十年《公羊春秋》。公元前125年,经公孙弘推荐,担任胶西王的国相,于公元前121年辞病回家,从此结束仕禄生活，"以修学著书为事"。但其仍然受到汉武帝的尊重，"朝廷如有大议，使使者及廷尉张汤，就其家而问之"。据《汉书·董仲舒传》记载，他有著作123篇，但流传下来的只有《春秋繁露》一书。

董仲舒是汉代新儒学的创始人，他建立的新儒学是由天人感应的神学目的论、君权神授说和专制大一统的政论，以及性三品说和三纲五常的道德观组成的。

董仲舒把墨家的天鬼观念和思孟学派的天人合一论点用邹衍的阴阳五行说加以改造，进一步神化天人关系，创造了一套天人感应的学说论。他认为天是"万物之祖""百神之大君"，是明察秋毫、赏善罚恶的自然界和人类社会的最高主宰。自然界的四时运行、人类社会中的尊卑贵贱，都是天神"阳贵而阴贱"意志的体现。他又用五行相生相克附会君臣、父子之道，神化封建制度。此外，他还认为，天既安排地上的正常秩序，同时又监督这种秩序的运行。如果君主治理有方，国泰民安，天就出示祥瑞（凤凰、麒麟等）表示赞赏。如果君主有了过失，天便降下灾异（各种自然灾害）加以谴告。如不省悟，天就变易君主，另择贤能。这就叫天人感应。为了论证皇权的永恒性，他又主张"道之大原出于天，天不变道亦不变"的形而上学思想。这里的"道"，实际指的是全部封建社会制度。既然如此，改朝换代又怎样解释呢？董仲舒提出"三统""三正"的理论，认为每一王朝代表一统，共有黑、白、赤三统，夏为黑统，殷为白统，周为赤统，与之相适应，应有不同的岁首，夏以旧历正月为岁首，殷以十二月为岁首，周以十一月为岁首，这就是"三正"。"三统""三正"周而复始，王朝的更替也就只是表现为"改正朔，易服色"，而"道"却是永世不变的。

董仲舒认为,认识的目的是"发天意",其途径有两条。因为自然界和人类社会的变化都由天主宰,所以仔细观察自然和人事的运行即可体察天意。又因为"人副天数",天理也就蕴涵在自己身上,通过内心反省,也可以体会到天意,这就是"道莫明省身之天",这两种途径结合起来运用,就是"内动于心志,外见于事情,修身审己,明善心以反道者也"。

董仲舒提出了性三品说,认为只有极少数人才能从上天那里承受到"圣人之性",是理所当然的性善者。大部分人生来性恶,是天生的卑贱者。一部分人具有可善可恶的"中民之性",即通过圣人的教化可以去恶从善。在董仲舒看来,所谓善就是符合三纲五常的道德标准,"循三纲五纪,通八端之理,忠信而博爱,敦厚而好礼,乃可谓善"。反之,反抗封建制度,破坏封建礼教,违背封建道德,就是十恶不赦。

董仲舒是一个对现实社会十分敏感、清醒的政治家,他在汉武帝统治的极盛时期,已经锐敏地观察到走向激化的社会矛盾。为了稳定封建统治,他主张"受命之君,天意之所予也,故号为天子者"。天子"立于生杀之位,与天共持变化之势",为了使人君保持绝对的权力和威严,必须在政治上加强专制的集中统一。同时把全国臣民的思想纳入儒学的轨道,实行"罢黜百家,独尊儒术"的政策。董仲舒一方面看到专制主义中央集权需要在思想上和政治上树立君主的绝对权威,同时也隐隐觉察到不受限制的君主权力一旦为所欲为,也会给国家和社会带来意想不到的灾难。于是他又在君主之上精心设计了一个天神,希望利用它来对君主加以约束。"且天之生民,非为王也,而天立王以为民也。故其德足以安乐民者,天予之;其恶足以贼害民者,天夺之。"

天的护佑毕竟靠不住,于是他更多地把注意力集中在"贤才"的选取、培植和任用上。他深知贤者对国家兴亡有着至关重要的作用,"任非其人,而国家不倾者,自古至今未尝闻也……任贤臣者,国家之兴也"。他对当时"廉耻贸乱""主德不宜,恩泽不流""暴虐百姓,与奸为市"等现象痛心疾首,要求选任官吏"毋以日月为功,实试贤能为上,量材而授官,录德而定位",反对"累日以取贵,积久以致官"的论资排辈选拔制度,提出"兴太学""举贤良"等办法,在社会上广泛选取有德才者为官吏,以扩大统治基础。这些观点是值得肯定的。

董仲舒反对对劳动人民一味施以严刑峻法,主张以德教为主,以刑罚为辅。他说:"王者承天意以从事,故任德教而不任刑。刑者不可任以治世,犹阴之不可任以成岁也。为政而任刑,不顺于天,故先王莫之肯为也。"他敢于面对现实,以敏锐的眼光揭露"富者田连阡陌,贫者无立锥之地"的社会现实,指出劳动人民"或耕豪民之田,见税什五""常衣牛马之衣,而食犬彘之食"的悲惨境遇,与贵族官僚"戴高位""食厚禄""食利而不肯学义"的横暴骄逸形成鲜明的对比,提出了一系列缓和社会矛盾的主张,如"限民名田,以澹不足,塞并兼之路"。这是两汉历史上第一个关于土地、奴婢的改良方案。此外,他又提出"不与民争利"以及"薄赋敛、省徭役""盐铁皆归于民"等经济政策,反映了他对汉代社会矛盾的清醒认识和解决矛盾的积极态度。

董仲舒为封建统治找到了较为理想的意识形态。他的学说为稳定和巩固大一统的专制主义中央集权的统治起了重要作用。他与汉武帝一起,作为西汉鼎盛时代杰出人物的代表,是当之无愧的。

"《春秋》决狱"

"《春秋》决狱"又称"经义决狱",是一种审理案件的方式。在西汉中期儒家思想取得正统地位后,董仲舒等人提倡以春秋大义作为司法裁判的指导思想。凡是法律中没有规定的,司法官就以《诗》《书》《礼》《易》《乐》《春秋》六经中的思想作为判决案件的依据。凡是法律条文与这些儒家经义相违背的,则儒家经义具有高于现行法律的效力。董仲舒的有关断狱案例,还曾被汇编成《春秋决事比》,在两汉的司法实践中被经常引用。

扩展阅读　开国皇帝汉高祖

汉朝是中国以强大先进的面貌屹立在世界东方的开始。

汉朝的创立者是汉高祖刘邦,他生于公元前256年,死于公元前195年。

汉王五年(公元前202年)二月,刘邦登基称帝,建立汉朝。五月,刘邦在洛阳南宫大宴群臣,并与群臣总结楚败汉胜的经验。有人说:"陛下能跟属下同利,谁能攻城夺地,您就封他为王。项羽残害功臣,猜忌贤者,所以会失去天下。"刘邦说:"你们只知其一,不知其二。要说运筹帷幄之中,决胜千里之外,我不如张良;治理国家,安抚百姓,筹备粮饷,支援前方,我不如萧何;率领百万大军,战必胜,攻必克,我不如韩信。这三个人,都是当代的大豪杰,我能重用他们,就是战胜项羽、夺取天下的原因。"

由于农业在楚汉战争中遭到破坏,汉初经济十分困难,粮食严重不足,每石米价高至五千钱到一万钱。富商巨贾趁机囤粮居奇,抬高粮价,牟取暴利。有的奸商用铅铁铸钱,冒充铜钱使用,更使货币泛滥,物价腾贵。刘邦认为,农为本,商为末,要想平抑物价、稳定人心,必须打击奸商,发展农业生产。因此,在登基之初,刘邦就采取了重农抑商政策。主要措施是。

第一,让大批士兵复员,并解放部分奴隶为平民,增加农业劳动力。刘邦宣布,因饥饿而自卖为奴婢的,全部解放为平民。士卒复员后留在关中从事农业生产的,免除徭役十二年,回到家乡务农的,免除徭役六年。

第二,执行轻税薄赋政策,让农民休养生息。秦时官府收取的田租,相当于农产物收成的一半还多。汉初官府大量减租,收取的田租只相当于农产物收成的十五分之一。

第三,从政治、经济和社会地位各方面,打击和抑制商贾。汉朝规定,不许商人及其子孙任官,不许商人佩带兵器,不许商人乘车骑马,不许商人穿精细织物,商人和奴隶赋税加倍。由于执行了这样一些政策,农业经济得到迅速恢复。

汉朝建立后,简单的约法三章已经不能适应统治国家的需要。于是,刘邦让萧何制定刑律，让韩信整顿军法，让张苍修改历法和度量衡，让叔孙通制定礼仪规范。萧何在《秦律》基础上加以增删，制定了《汉律》。《汉律》禁止诸侯王擅自增加赋税和徭役，对不依法向朝廷供应军需者严惩，突出了维护中央权威的特点。

威胁汉初政治稳定的主要因素，是诸侯割据的局面依然存在。刘邦是反对诸侯割据，主张国家统一的。在平定三秦过程中，他就一举废除了雍王章邯、塞王司马欣、翟王翳、河南王申阳、魏王豹、殷王司马卬的封地，表明了维护国家统一的立场。但是在楚汉相争不下时，为了孤立和打击项羽，他又不得不分封彭越、韩信、英布等兵力雄厚的将领为王。加上归汉诸王，在汉初与各郡县并存的有七个异姓诸侯王。他们是燕王臧荼、韩王信（韩国贵族，战国韩襄王姬仓庶孙）、楚王韩信（汉初三杰之一，淮阴侯）、梁王彭越、淮南王英布、赵王张敖、长沙王吴芮。诸侯王拥有封地，辖有军队，不久后即有人凭借封地发动叛乱，阴谋夺取政权。

公元前202年，距刘邦称帝还不到半年，燕王臧荼就领兵叛乱。刘邦迅速出兵，平定了叛乱。公元前201年，有人告发楚王韩信意图谋反。刘邦假称要巡游云梦，命令楚王到陈留相会。当韩信如期赶到时，刘邦下令将他逮捕，贬为淮阴侯。公元前199年，赵王张敖的丞相贯高谋害刘邦未遂，刘邦将张敖贬为宣平侯。韩王信于公元前201年投降匈奴，并勾结匈奴贵族入侵边疆。刘邦亲自带兵征讨，于公元前196年击杀了韩王。公元前196年，诸侯王叛乱达到高潮。先是淮阴侯韩信被告发谋反，被皇后吕雉和相国萧何用计诱进宫中处死。接着，梁王彭越的部下告发他谋反，刘邦派使者到定陶，出其不意地将他逮捕，先废为平民，随后将他处死。不久，淮南王英布又在封地大举叛乱。老迈的刘邦不顾体弱多病，率领大军东征。英布战败后逃走，途中被当地百姓所杀。这样，汉初异姓王在七年间发动的数次叛乱都被刘邦平定，刘邦在平叛之后不再分封异姓王。平定异姓王叛乱，既巩固了刘邦家族的统治，也维护了国家统一。

刘邦是一位有远见的开国皇帝，在取得平叛胜利后，他没有喜而忘忧。公元前196年，刘邦东征英布凯旋，路过故乡沛县时，召集家乡父老们宴饮。在酒宴上，刘邦回顾了自起兵沛县到创立汉朝的艰辛历程，不禁慷慨高歌。他一边击打乐器，一边高唱即兴而编的《大风歌》，"大风起兮云飞扬，威加海内兮归故乡，安得猛士兮守四方！"他看到，在风云激荡的岁月里，一个强大而顺应历史潮流的王朝虽已建立，但巩固政权的任务还未彻底完成，他希望有更多的猛将勇士起来保卫边疆、捍卫统一。刘邦在东征英布时受了箭伤，伤重不治，于次年在长安逝世。

第二章

四通八达——畅通无阻的秦汉交通

政治的稳定、经济的发展与文化的统一,都与交通条件有着密切的关联。秦汉大一统王朝的建立,使朝廷直接管辖的区域大为扩展,出于加强统治的需要,迫使统治者大力改善交通条件,秦汉时期交通的空前发展就证明了这一点。

"车同轨"促进交通进步

　　秦汉时期的"车同轨",就是指全国车辆开始使用同一宽度的轨距,这也就意味着车上的主要零部件都有了统一标准,部件的更换也更加迅速方便。这种标准化的要求和方法无论在当时还是在今天看来都是很先进的,它适应了秦朝用于土木工程和战争等长途运输的需要,对道路修建提出了更高的要求,具有巨大的经济价值和社会效益。这也是"车同轨"的又一项历史功绩。

　　秦朝,"车同轨"的实现带动了我国古代的道路建设,客观上促进了古代交通的迅速发展。而交通的进步对于我们民族文化共同体的形成和发展有重要的影响。

　　"车同轨"的实现,在一定意义上提高了行政效率,也促进了不同经济区域的贸易往来,并在一定程度上消除了各地文化交流的障碍。可以说,两汉时期的政治安定、经济繁荣和文化发展,是建立在不断完备的交通运输系统上的。

通过秦汉时期交通发展的状况，我们可以发现，在这一历史阶段，连接黄河流域、长江流域、珠江流域各主要经济区的交通网已经基本构成，舟、车等交通工具的制作已经达到相当高的水平，运输动力也得到了空前的开发，交通运输的组织管理形式也逐渐完善，连通域外的主要交通线已经开通。正是以这些条件为基础，预示着当时多民族共同创造的统一文化已经初步形成。

汉代帝王同样也将交通建设看作执政的重要大事。《汉书·武帝纪》中记载了汉武帝时已开通通往"南夷"的道路和平治雁门地区交通险阻等事迹。据《史记》中的记述，著名的褒斜道的修建和漕渠的开凿，也由汉武帝亲自颁布命令。王莽通子午道，汉顺帝下令罢子午道、通褒斜道等史实，也都说明了最高权力中枢规划组织对交通工程建设的重视。交通建设的发展对于汉王朝开边拓地的事业有显著的意义。与汉地隔绝的西域诸国之所以和汉王朝实现了文化沟通，与丝绸之路的开通有着密切的关系。汉武帝还重视优良马匹的畜养，使军队的交通能力切实提高，后方的军需供应也得到了保障，继而出师匈奴，改变了北方经常受到侵扰的局面。交通建设的成就，使大一统帝国统治的深度和强度都达到空前的水平。

交通的进步，还使得行政效率得到了保证。朝廷的政令，可以借助交通系统，迅速、及时地传达到地方，因而大多能够得到落实。每当遇到紧急政务、军务时，还往往通过驿传系统提高信息传递的速度。正是以此为基础，大一统的政治体制才能够确立并且得以维持。

交通进步为大一统国家经济的运行提供了便利。

秦汉大一统政权建立之后，海内连成一体，众多关卡禁限多被打破，富商大贾得以"周流天下"。因四处行商，商品贸易发展起来，社会生产

和消费都冲破了原有的狭隘的地域。《史记》中说的"农工商交易之路通"就是以当时成功的交通建设为条件的。

利用当时的交通条件，政府可以及时掌握各地农业生产的实际状况，以进行必要的规划和指导。当遭遇严重的自然灾害时，政府就可以调动运输力量及时组织赈灾。安置流民以及移民垦荒等政策，也是通过改变交通方式落实的。

秦汉时期，交通成就对于经济发展的有力推动，还突出表现为当时商运的空前活跃。物资的交流极大地繁荣起来，也使得经济生活表现出前所未有的活力。以繁忙的交通活动为基础的民间自由贸易，冲破朝廷抑商政策的重重阻碍，对于秦汉时期的经济繁荣发挥了关键的作用。

秦代的交通运输管理

秦王嬴政称帝后，继续坚持贯彻秦国的法制系统，对全国政治经济文化生活实行全面、彻底的法制管理。

第一，秦在全国推行秦律，严格执行《司空律》《徭律》等法规，保证交通事业的顺利开展。秦始皇是极其重视以法制来治国的。他把"大圣作治，建定法度，显著纲纪"定为自己的施政目标，要求全国上下"一切皆断于法"。因此，在全国的工程建设与交通管理方面，比如筑驰道、修长城这类全国性的土木工程中，他特别注意发挥法律的强制作用。秦律中的《司空律》《徭律》等就是为了保证工程建设能按期、按质、按量完工而制定的。按《司空律》与《徭律》的要求，全国徭役与兵役一起，由国家统一安排，集中调度，统筹使用。任何部门、任何地区、任何个人都不得任意占用劳动力。当时，秦国总人口据估计不超过二千万，修长城调集三十万民夫，戍岭南调集五十万民夫，筑驰道使用二十万民夫，为他自己筑阿房宫、骊山墓使用七十万民夫，如此浩大的劳动大军，在离开土地的情况下，如果没有朝廷强有力的控制、组织与安排，恐怕是谈不上办交通工程之类的大事的。

秦之所以能直接掌握与使用全国劳动力，并保证交通工程的人力资源和物资资源的充足，关键在于律令的推行。《徭律》规定，"失期三日至五日，谇；六日到旬，赀一盾；过旬，赀一甲。"这一规定看起来并不十分苛刻。然而在执行中则是从严的，到秦二世时，则变得更加严苛了。当时，国家征调的民夫，包括刑徒在内，都必须按期到达指定岗位，否则就要受到严惩，严重的要杀头。同时，各项工程开工之后，由工程负责人就所确定的责任和工段进行测算，将工程量及所需人力物力等做出测量，上报国家。经批准之后，由朝廷以《命书》的形式下发给有关人员，然后组织施工。若工程质量与工程进度不符合要求，主持者要负法律责任。《徭律》说："度功，必令司空与匠度之，毋独令匠。其不审，以律论度者，而以其实为（徭）徒计。"这是说，测算工程量，要由朝廷委派的官员与工程技术人员一起进行。不许让技术人员单独测算。根据测算的工程量征集徭役。假如工程计算本身不符合实际,要追究"度者"的法律责任。不合国家标准的工程要推倒重来,所花费的人力由所有的工程参与者自负,"令其徒复垣之",即在国家规定的服役期限之外,额外加时重修。由此我们即可明白,秦代那么多巨大工程是在怎样一种严密的指挥之下实施的了。

第二,秦律中有保护合法通行、禁止非法通行的律文,维护了必要的交通秩序。春秋战国以来,征战不休,加上各种天灾人祸,人口的流动量与损耗量都很大。另外,各国统治者竞相招诱别国劳动力,小国、弱国人口以及大量不事产业的游食之徒充斥于社会,这些情况都会造成交通秩序的混乱。制止非法通行、保护合法通行就成了统一政权必须解决的问题之一。秦律中的《游士律》《戍律》《捕盗律》《行书律》《传食律》及《关市律》等,都有规范合法通行的法律条文。比如:朝廷或地方官员外出办事,必须持有符节,以证明自己的身份与任务性质;一般平民要迁徙或探亲,也必须有符传,证明自己的旅途合法;商贾在交验身份符传的同时,要交纳商品税、过境税,取得"市籍",然后才能合法经营。同时,朝廷对驿馆实施严格管理,驿馆或客店主人负责检查旅客符传并进行登记。没有符传或伪造符传者不得投宿,如接待投宿,则旅客与客店主人一同治罪。城门守卫要核验过往人员的身份,对行人的符节、符传不认真核对或核对而不能发现作伪情况并放行者,要受到行政处罚。凡冒名顶替、改动符传者,交当地官府惩处。

为保证合法通行者的安全,秦律规定:"有贼杀伤人冲术,偕旁人不援,百步中比野,当赀二甲。"就是说,如有凶犯在交通要道上杀了或者伤了人,在场的人不援助受害者,百步以内,按野斗处理,罚款两领衣甲。秦律还规定：驿传旅舍的主人要负责旅客人身与随身财产的安全，保证旅客的合法供应。防火救火、防盗捕盗、巡逻守更，是传舍啬夫（负责传舍的官员）应尽的责任。

第三，秦时还制定了驿传法规，以确保邮驿的正常运行。秦代总结西周以来各国各地邮驿的经验，确定了一套通行全国的邮传制度。为朝廷传递公文的叫邮，为在途朝廷人员提供车马食宿的叫传（传舍）。另外，在交通干线上每隔十里设一个亭，此亭起接待的作用，同时负责所在地段的治安管理，负责维护行人的人身与财产安全。

秦朝对于传舍、邮亭设施的配备、保管、维护、使用，均有明确的法令规定。比如《传食律》就规定：传舍有责任给各级、各类在途公职、公务人员提供交通运输工具和食宿。至于提供的标准，《传食律》有具体的规定条文，不同级别的在途公职公务人员有权利按自己的身份级别索取合理的食宿待遇。传舍方面克扣或超额提供食宿，或公职公务人员任意索要超额待遇，都要受到行政处分。传舍的开支要定期结算，剩余要上交国库，不得截留。索取超额，依律查处供应者。同时，如有破坏传舍设施者或挪用传舍车马用具者，或使用传舍设备不得法而有磨损折耗者，都要依情节查处，或罚金，或刑惩。正因为有了这些法律条文，秦代交通邮传才能正常运转。但到秦二世时，因国政衰乱，这些法律条文则名存实亡了。

第四，为了保证国家军令、政令的迅速、准确和安全传递，秦律中的《行书律》等专门法规则应运而生。《行书律》规定：负责邮递的行夫，必须是忠诚可靠、身体健康的服役者，"隶臣妾老弱及不可诚仁者勿令"。在传递过程中，每一次交接都应登记清楚收受双方的名字、时日、文书完好程度与件数等，如发现磨损、丢失等情况，要及时上报，以采取

补救措施，同时追究有关人员的责任。

秦律对发送伪书者，予以行政处罚。

文书有不同种类。凡皇帝诏命，以及写上"急"字的急递文书，要求随到随发，不得拖延耽误；一般文书，只要当日发出，不积压就行。对于传递公文者，所过郡县不得阻拦其公务，如发现阻拦截夺，要追究县令、县尉的责任。因为县令主管一县政务，而县尉是负责治安管理的，他们有责任保证文书的传递。

秦律中涉及交通运输与邮传的法律条文很多，其中有些条款，由于长期的执行，变成了一种习惯做法，有些法规，在后世得到了强化，这是由于时代发展的缘故。

秦代交通，在严密的法制管理下，首次得到了全国性的有组织的拓展。秦代邮路，以咸阳为中心，以驰道为主干向全国辐射，"西涉流沙，南尽北户，东有东海，北过大夏"，覆盖了全部国土，确立了一切服从国家、完全为军政活动服务的基本交通体制，为汉代交通打下了基础。

法律制度的完善

我国史学界一般认为，春秋战国时期是我国由奴隶制社会向封建社会的过渡时期。公元前221年，秦灭六国而建立了大一统的帝国，标志着中国正式进入了封建社会。因而，封建的法律制度，自然也就应由秦律算起。其后经两汉、魏晋、南北朝，直至隋唐，进入封建社会的鼎盛时期，封建法律也发展得相当成熟和完备。

中国古代的刑书律典，绝大部分皆已散失亡佚。究其原因，一是战乱不已；二是人为的禁焚，尤其是秦始皇一道焚书令，将以往除秦国的官方史书及农、医书籍外的一切史书典籍，一律焚为灰烬。因此，现有文字可以考据确证者，只能从秦律开始。秦以后又经多次战乱，历朝律典多已毁弃。值得庆幸的是，我国的考古工作者于1975年12月在湖北省云梦县一个叫"睡虎地"的地方，发掘出了一批保存完好的竹简，其中抄录有秦律中的许多条文以及当时的一些案例和"法律问答"，这极大地丰富了人们对于秦律的认识。

秦律是中国封建法制的始创，无论其内容还是形式，都对以后的历朝立法有深远的影响。尽管秦律中的大部分内容已散失，但它在中国法制史上的显著地位是不可动摇的。

多样化的秦汉交通工具

秦汉时期的人们所使用的交通工具可以按照陆路与水路交通而分作两大类，陆路以车为主，水路则利用船只航行。

1. 陆路交通工具

秦汉时的陆路交通工具，大体上仍为牛车、马车。

先秦时期，牛车和马车都已经出现了。但是其车型和用途都和秦汉时期有诸多不同，牛车被称作"大车"，马车被称作"小车"。马车比较便捷，所以常常用来做兵车，也称作"戎车"。但在汉代，车战已退出了军事活动，马车的功能主要为载人。

此外，东汉张衡创指南车，宋卢道隆设计记里鼓车，三国时，诸葛亮制木牛流马，名为牛马，属于车类。《宋书》说："指南车……后汉张衡始复创造。汉末丧乱，其器不存。……（魏）明帝青龙中，令博士马钧更造之，而车成。晋乱，复亡。石虎使解飞，姚兴使令狐生又造焉。（晋）安帝义熙十三年，宋武帝平长安，始得此车。其制如鼓车，设木人于车上，举手指南。车虽回转，所指不移。大驾卤簿，最先启行。此车戎狄所制，机数不精。虽曰指南，多不审正。回曲步骤，犹须人功正之。范阳人祖冲之有巧思，常谓宜更构造。宋顺帝升明末，齐王为相，命造之焉。车成，使抚军丹阳尹王僧虔、御史中丞刘休试之。其制甚精，百屈千回，未尝移变。"后又曰："记里车，未详所由来，亦高祖定三秦所获。制如指南，其上有鼓。车行一里，木人辄击一槌。"这段话对于指南车的历史，以及它与记里车的形制都进行了简明扼要的叙述。这两种东西，虽不能载人、运输，但对于交通也是很有帮助的。不过，它们始终为皇帝所专有，在交通工具发展史上，不过仅仅是两种奇器罢了。木牛流马，是诸葛亮所制用以运输军粮，其制作方法在《三国志·蜀书·诸葛亮传》中称举甚详。木牛流马虽较指南车及记里车施用较广，但对后来运输工具的发展没有特别大的影响。

马，或驾车，或单骑，在秦汉时已非常普遍。《史记·平准书》记汉武初年长安的情景时有这样的记载："众庶街巷有马，阡陌之间成群，而乘字牝者傧而不得聚会。"由此可见西汉繁盛时马之繁殖情况及用马的普遍。

牛，秦及汉初贵族皆不使用。汉武帝时，渐渐开始用其驾车。《晋书·舆服志》说："古之贵者不乘牛车，汉武帝推恩之末，诸侯寡弱，贫者至乘牛车，其后稍见贵之。自灵献以来，天子至士遂以为常乘，至尊出朝堂举哀乘之。"

汉代的陆路交通工具还存在着运载货物的辇和鹿车，这两种车的最大特点在于它们都是用人力来充当牵引动力。

所谓鹿车，有两个特征：一是手推而行，二是独轮车。《风俗通义》记载："鹿车窄小，裁容一鹿也……无牛马而能行者，独一人所致耳。"清代瞿中溶《武梁祠堂石刻画像考》说鹿车之鹿"当是鹿卢之谓，即辘轳也"。就是将鹿车的独轮比作辘轳。不论文献作何种解释，都意在说明独轮车之小。鹿车适宜在比较狭窄的道路上通行，其负重量虽不可能太大，但也完全可以装载一百千克重的物资。据孙机先生考证，同类的独轮车，欧洲直到12世纪以后才出现，比中国至少晚了1300余年。

秦汉时期，人们在陆路交通上也更多地采用骑乘的方式，这也是当时最为便捷也最为简易的交通方式。《汉书·五行志》记载西汉成帝便装出行访视民间时所带随员"或皆骑，出入市里郊野，远至旁县"。这说明骑乘在秦汉时期不仅用于军事需要，也大量用于官吏及平民的出行。

2. 水路交通工具

"旱路资车，水路资舟。"古人很早就开始了水路航行活动。《周易·系辞下》说："刳木为舟，剡木为楫，舟楫之利，以济不通，致远以利天下。"到了秦汉时期，我国古代行船仍以击楫划水带动船行为基本手段。如《史记·佞幸列传》说汉代的宠臣邓通"以濯船为黄头郎"，即用楫（船桨）划船得到皇帝宠幸，因而做了黄头郎官。

《汉书·百官公卿表》中记载汉代朝廷专门为此设有职官楫濯令丞等，许多场合或行文也用"楫"来代指舟船。

船的种类很多，且形状各异，大小及内部设置也各有不同，可以按规格和型号来划分。一般情况下，在内河行驶的船，其船体一般不大，且底部平坦，首尾两端分别上翘，船头安放有桨，船尾则安放有舵。一般小型的船需一桨一舵，较大的船则有四桨一舵，甚至更多。

湖北江陵凤凰山汉代墓葬遗址出土的遣册中就有"大舟皆廿三桨"的记载。孙机先生推测此船共有桨十一对、舵一只。汉代人在舵的使用上有了很大的改进。汉代的舵，其形状类似桨，但比桨大，到汉代后期，舵进一步发展成舵楼，也就是驾驶舱室，并且舵的位置也由船的中部一侧移向船尾，这样一来其控制舟船航行方向的准确度就大大增强了。

汉代还出现了单人或双人小艇，即舢板的前身。这种小艇的速度较快，也比较灵活。汉代的中小型船只中，还有一种被称作"艄"的船。这种船的船身看起来较短，但船体的横断面较宽，载重量一般为三十石。

汉代规格最高的船是楼船，船体较大，楼船高度可达十多丈。广州汉代墓葬出土的随葬明器中就有木楼船模型，其有三层楼高，一般用于水军和水上军事活动。装载人员和物资的数量也非常可观。

无论是内河航运，还是海上运输，秦汉时期的水路交通都十分发达。从渤海、黄海直到东海和南海到处可见船踪帆影，一些较大的海船曾航至中南半岛，甚至远航到印度洋，《汉书·地理志》和《后汉书·马援传》都有这方面的详细记载。商船有时结队而行，江湖之上，船只川流不息，昼夜不断，东汉末年时吕蒙袭取荆州时即伪装成商船。水路的畅达使秦汉的陆路通道与水上通道交织而行，形成了一个完备的水陆交通体系，它为秦汉经济、商业和文化的发展和交流提供了便利。各地区之间的联系进一步加强，文化的传播更为广泛和深入，内地与沿海的沟通成为现实，人们的活动空间和视野更为宽广。可以说，秦汉交通工具的完善和进步成为支撑秦汉交通最强有力的依托。

最早的"国道"

秦始皇统一中国后，车同轨、兴路政，修建了大量的道路，其中最宽敞的道路称为驰道，即天子驰车之道。驰道是中国历史上最早的"国道"。

公元前221年，秦始皇统一六国。第二年，他就下令修筑以咸阳为中心、通往全国各地的驰道。著名的驰道有九条，有出今高陵通上郡的上郡道，过黄河通山西的临晋道，出函谷关通河南、河北、山东的东方道，出今商洛通东南的武关道，出秦岭通四川的栈道，出今陇县通宁夏、甘肃的西方道，出今淳化通九原的直道等。从《汉书·贾山传》中得知，秦驰道在平坦之处，道宽五十步（约六十九米），隔三丈（约七米）栽一棵树，道两旁用金属椎夯实，路中间专供皇帝出巡行车。

驰道是皇帝的专用车道，其他人没有权利在驰道上行走。这种驰道在秦汉时期也较为流行。

在今天的河南南阳市的山区里，人们惊奇地发现了类似于今天的铁路的古代轨路。经过科学分析，这种古代轨路是2200多年前的秦朝遗留下来的。这种轨路的原理和现代铁路相似，还是复线，只不过它是用马力拉动的。

现在的铁路不是用铁铸造的，而是轧制的钢轨。秦始皇时代的轨路当然也不是用铁铸造的，而是用木材铺设的。轨道用的木材质地坚硬，经过防腐处理，至今尚保存完好。不过枕木已经腐朽不堪，显然没有经过防腐处理，而且材质也不如轨道坚硬。但历经2000余年，今天还能够看出其大致模样。

经过测量人们发现，秦始皇时期的轨路，其枕木之间的距离正好和马的步子合拍。马匹一旦将车拉到轨道上，就不由自主地飞奔起来，几乎无法停下。那么马车最后又是怎么停下来的呢？相关专家认为，当时一定还存在专门的车站，在车站枕木之间用木材填充平整。马匹在这里休息调整，一旦需要，套上车就能飞驰。到了下一车站，由于枕木之间已经填充平整，马很自然地就会逐渐减慢速度，最后停下来。这时候就可以换上另一匹吃饱休息好的马,继续飞驰前进。这样,马车在轨道上行驶起来的速度就会很快。由于使用轨道,摩擦力大大减小,所以马也可以一次拉很多货物。很显然,这是一种十分节省马力的方法,或者说是一种效率极高的方法。公认的速度至少应该是一天一夜六百千米,有的人认为是七百千米,这在当时已经是极快的速度了。拥有了这样的交通系统,难怪秦始皇可以不用分封就能有效地管理庞大的帝国,并且经常组织几十万人的大规模行动了。

有不少专家认为该轨路是秦始皇灭楚国时修建的,目的是进行后勤补给。因为秦灭楚国时曾动用了六十万军队,粮草需求量一定很大,所以修建了这条道路,以满足战争需要。但是也有人说秦始皇灭楚国时固然使用过此条道,但单从技术上来看这个工程已经非常成熟,所以不是临时需要而想出来的。

人们一般认为秦始皇修建的驰道是"马路",现在看来应该是"轨路",由于马匹在上面飞驰,故称之为"驰道"。秦始皇统一中国后在全国修筑驰道,依此看在2200多年前就已经形成了一个全国的"轨路网"是很有可能的。

当时的中国,广袤的土地上植被茂密,木材储量丰富,这就为修建轨路提供了物质条件。如有损坏,随时随地可以修复。

《汉书》载:"为驰道于天下,东穷燕齐,南极吴楚,江湖之上,濒海之观毕至。道广五十步,三丈而树,厚筑其外,隐以金椎,树以青松。"在古代,一般来说道路没有必要这样宽,因此有人猜测该是马路和复线轨路并列而行。车子如有需要,可以随时上轨路,也可以随时由轨路上马路。

第二章 四通八达——畅通无阻的秦汉交通

秦朝末年的连年战争使汉朝皇帝没有能力为自己的御车配备颜色相同的马,许多将相只能坐牛车。由于严重缺少马匹,轨路被废弛了。没有车子在上面跑的轨路,反而成了交通的阻碍,所以秦始皇的轨路,有的在战争中被损毁,绝大部分则在战后被拆除,成了普通的道路。汉朝的经济在很久以后才复苏,又长期实行休养生息的政策,所以也一直没有劳师动众重修轨路。加上秦朝的驰道非常宽,因此在后来的经济复苏中,许多道路被开垦为耕地,变窄甚至完全不复存在了。此外,秦朝的轨路是用于长途运输的,而汉朝长期分封诸侯,各地也没有长途运输的必要,运输线变短,也因此失去了修建的必要性。原来人烟稀少的长途运输必经地也失去了其重要性。大概只有这些地方才能够遗留下来,但也正因为其人烟稀少故而不受人们注意。秦始皇的轨路就这样逐渐失传了。

人性化的汉代交通服务

汉代交通发达,服务设施齐全,制度也比较完备,这些条件满足了其政治经济发展与国民社会交往的需要。首先,汉政府在全国大中城市,尤其是都城与交通要道遍设传舍,以供官员与使者使用。与传舍相配套,又设有乡亭,大致十里一亭,分布于交通线上,专管接力传送朝廷信件,接待邮夫与一般商旅吏役,并兼管当地治安等。此外,为满足各种各样旅客的要求,旅店与食肆也遍地开花,成为官府认可并予以支持的一大服务行业。这一切构成了汉代交通的兴盛局面。

1. 设备齐全的传舍

一般来说,汉代的传舍在西汉中后期得到了很大发展,东汉前期也很兴旺,东汉后期随着国力的衰减,传舍慢慢变得难以支撑了。

汉代传舍已粗具规模,配有传厨、传车和驿马,并有足够的住宿用品。传舍负责接待朝廷过往官员、信使,以及官府特命征召的贤士名人。客人到传舍食宿,必须交验符传,表明自己的身份爵级,按规定享受相应的接待。例如汉文帝为代王时,就是乘"六传"赴京即位的。汉宣帝时,渤海郡大乱,宣帝委派龚遂为渤海太守,前往安抚民人,龚遂便是"乘传"赴任的。汉代传舍的规格与服务水平,可以从下述实例中窥其一斑。

据《后汉书·光武帝纪》记载,西汉末年,天下大乱,刘秀起事,奉命到蓟城(今北京)发展势力。此时王朗当政,传檄各地缉拿刘秀。消息传到蓟城,城里顿时沸沸扬扬,都说来了邯郸使者捉拿刘秀。刘秀一行人连夜南逃至饶阳,当时人困马乏,刘秀灵机一动,率领随从武将与士兵自称"邯郸使者",到饶阳传舍要求接待。传舍长连忙送上饭菜招待他们,刘秀一群人便大吃大喝起来,这引起了传舍长的怀疑,但又不敢径直察问使者来历,于是猛敲大鼓,通知传舍所有人员邯郸将军即将来到,各自做好接待准备。刘秀他们一听,大吃一惊,打算逃跑。但刘秀转念一想,如果真有什么邯郸将军来了,他们想逃也逃不了,于是索性坐下来慢慢吃

喝，并对传舍长说，待将军来了可以一见。待吃饱喝足，也没见将军的影子，刘秀便招呼随从上路。传舍长早已看出破绽，便高声命令传舍门长关上大门："别让这伙冒牌货跑了！"传舍门长回答说："现在天下大乱，鱼龙混杂，还不知谁胜谁负，关门干啥！"于是大敞其门，让刘秀一行人出去了。由此，我们看到汉代传舍规模很大且服务及时，即使在战乱时期也依然可行使职能。传舍是一个庞大的机构，人员多，分工细，能满足官员的多种需要。传舍的消费是一项庞大的支出，需要官府承担。汉文帝时，为了给传舍配备马匹，还曾下令缩编京师卫队，撤销卫将军，压缩太仆寺规模，把节省下来的马匹"皆以给传置"，此可证明传舍确是国家的一项重要职责。刘秀即位时，曾令长安传舍准备十万余人的伙食，由此也可知其规模之大了。

传舍的供应是无偿的。汉政府虽然有明细的规定，不许传舍违章供应，不许官员非法索要，但历久弊生，封建社会的腐败现象便不可避免地在传舍中蔓延开来了。

据《后汉书·郭陈列传》记载，汉章帝时，专职京师治安的司隶校尉赵兴，竟然每入馆舍，"辄更缮修馆宇，移穿改筑，故犯妖禁"。因为一个大员来到，传舍就得改筑修缮一番，其腐败状况由此可知。

2. 功能多样的邮亭

汉代十里一亭，遍设于交通线上和乡里，作为乡里的一个公用机构，它有多种多样的功能，接力递送朝廷信件与小件物品是其主要职责。

西汉宣帝时，黄霸为颍川太守，上任后便"使邮亭乡官皆畜鸡豚，以赡鳏寡贫穷者"。他要了解本郡各县各乡情况，就"择长年廉吏"下乡视察,"吏出,不敢舍邮亭"。

刘秀称帝时,法物库缺一套仪仗。在此之前,公孙述曾在汉中称帝,使用过此种东西。于是益州刺史将公孙述的一套仪仗连同乐师一起交邮传传送到洛阳,全程三千余里。这是邮亭运送物品,也运送人的一个例证。

每年各地都要向京师上贡土产异味,汉光武帝刘秀曾下诏说,所献异味,往往要专门培育豢养,劳民伤财,而且向京师传送时,"烦扰道上,疲费过所",因而明令各地"异味不得有所献御"。此诏一下,各地邮传以为少了一道苦差事,颇为高兴。其实不然,刘秀在诏中又说"远方口实所以荐宗庙,自如旧制。"原来,用于"荐宗庙"祭祖敬神的"口实"一点也不能少,于是"明诏"也下了,"口实"照常上贡,皇帝依然能有异味入口,那么,其烦扰疲费当然也就"自如旧制"了。

与此类似的,汉章帝也曾下过一道这样的诏书,要求各地在他巡幸时,"不得辄修道桥,远离城郭,遣吏逢迎,刺探起居,出入前后,以为烦扰"。此诏可能也是半真半假,不要臣下"刺探起居,出入前后,以为烦扰"是真,而"不要臣下逢迎,不要臣下修桥铺",哪是能令行禁止的呢?

邮亭要办的事太多,当然需要财政支持,然而汉政府越到后来所能支付的钱物越少。东汉中后期,传舍邮亭经费越来越入不敷出。官员在这里享受不到多少无偿的招待了,于是转而投宿于个人旅店。

3. 最受欢迎的客店和食肆

汉代客店、食肆普遍开花,不像秦朝那样受到严格管制。东汉时,有位叫第五伦的人,在家乡高陵当乡啬夫多年,觉得自己一直没长进,就携带家属客居河东,改名王伯齐,干起了卖盐的生意,往来于太原上党之

间。他沿途投宿于客店,离开时总要把房间收拾得干干净净。这样时间一长,客店主人都知道这位王伯齐为人勤快,主动邀请他免费住进自己的客店,还送给他一个"道士"的雅号。可见太原上党之间的交通干线上,在当时已有不少客店。

与此同时,食肆也兴盛起来。汉宣帝即位前,只是一个并无权势的小宗室。逢年过节,他都会随例参加朝会。到京城后,他就投宿在长安的一家客店。

客店办得好,连官府办事人员都乐于投宿客店,以至到东汉和帝时,朝廷不得不下令,官员外出办理公务时不得投宿于私人客店,只能投宿于官府传舍。因为投宿客店,既不利于保密,也难保安全,还有损朝廷形象。然而大势所趋,官员们还是选择了客店。这也证明了当时私人服务业的水平之高,否则怎么能把官员吸引到自己这一边来呢?

汉代都市交通及其管理

汉代有一批驰名中外的大都会,除长安、洛阳之外,还有蓟、邯郸、寿春、宛、荆州、吴、番禺、敦煌等,这些都会的交通都很发达。其人口都在十万至数十万之间，长安城甚至在百万以上，交通建设与交通管理的任务都很繁重。这里以长安为例，兼及洛阳，介绍一下汉代的都市交通及其管理。

1. 长安城的建制

长安为西汉都城，位于号称"千里沃野"的关中中部，临渭水，背靠终南山，左华右陇，地势险固。西周的政治中心丰邑、镐邑就建在这里，秦始皇统一六国后，更在这里大兴土木，集聚天下财富，使咸阳成为天下第一重镇。可惜项羽入关，放了一把火，把这里变成了一片废墟。

汉建都后，在萧何等人主持下，在渭水之南、潏水东岸的开阔土地上着手兴建新都，先后建成未央宫、长乐宫、明光宫、北宫与桂宫等建筑。汉惠帝时，又调集三十万劳力，在这些建筑群的外围，以夯土筑成了坚固厚实的城墙。墙高三丈五尺，周长六十五里，四面共设十二座城门。其中，未央宫方九里，占总面积的七分之一，长乐宫方十里，占全城面积的六分之一。宫殿群占去了城内大部分地方，其余便是官员府第，民居与市场则集中在城北。京师普通百姓则聚居于城外。汉武帝时，随着国力的增强，又在潏水西岸兴建了豪华的建章宫。此宫千门万户，未央宫、长乐宫也无法与之相比。丝绸之路开通后，长安成为国际都会，专门建有一条蒿街，以供来华经商或定居的各国商贾侨民及少数民族人士居住。这座百万人口的都会，空前繁华。

长安的人口构成极为复杂。首先，皇室宗亲、贵族官僚、功臣名将及依附他们的人都聚集在京师，满足这些人的生活需要是一个艰难的问题。同时，汉朝廷为了削弱地方实力，又多次把各地的豪强地主、巨商大贾迁入京师，置于自己的直接监管之下。这些由外地迁入的人口集结起来，形成一个个巨大的势力圈，给长安的社会管理带来了巨大的困难。另外，从各地抽调来京的守卫军队及各种劳役，各地至京求学、探亲访友的人，因各种原因滞留在京的人，加上来华出使、经商、求学之人，真是"五方错杂，风俗不一"。这就构成了一支庞大的消费力量，也为长安带来繁剧的交通管理任务。对此，汉朝廷从都市建制、交通建设、道路管理、安全禁卫等方面采取了一系列的对策，力图维持一个良性的社会秩序与交通秩序。宏观来看，汉代都市交通管理还是很有效的，不过问题也确实不少，有些还十分严重。

　　长安的整体布局是适应交通及交通管理的需要的。长安城建筑方正严整，街衢巷陌平直通达。八条主要街道贯通全城，宽广平坦，均与城门相连，城外护城河上的大桥与道路等宽，人行其上，不觉其为桥。大桥与城外大道相接，通达内外。每条街道，都由三条并行大道组成，其贯通南北的中心大街，全长十里，幅宽五十米，称为驰道。驰道中央七米宽的路，是供皇帝专用的御道，任何人不得任意跨越，更不得行于驰道中央。御道两侧各有五米宽的旁道，供官府车马行走。旁道外侧开挖有排水沟，沟沿栽植榆、槐与青松，形成绿色林带。林带外侧又各有十三米宽的便道，供公众使用，并规定左出右入，就是说车马行人一律靠左走。这种街道建制，比起西周"经途轨制"所规定的京城通道十六米宽来看，其气魄之大，西周是不可与之同日而语的。它是秦始皇驰道制度的继承与发展。

　　同时，长安内外街道两侧的公私住宅又组成了一个一个的生活小区，名为坊或里。坊有坊墙，四面各长一里，居民住在坊墙里面，不得向大街开门。坊墙四面开有坊门，有专人负责按时启闭。入夜之后、天亮以前，不允许居民在坊外街头从事任何未经允许的活动，实行严格的宵禁。不论白天黑夜，坊内不能进行商贸活动。全城商贾，一律集中在指定的市坊中"日中而市"，不允许走街串巷、随地设置店铺。除逢年过节官府特许开放以外，城中不举行娱乐活动，也没有公共活动场所。这样，偌大的长安，百万人口的都会，便呈现着一种兴盛而又安宁的气氛，大街上很少有人流堵塞、人群混乱的情况。

西汉长安的状况，东汉洛阳有过之而无不及。《后汉书·王充王符仲长统列传》中说洛阳"举俗舍本农，趋商贾，牛马车舆，填塞道路，游手为巧，充盈都邑"，又有"船车贾贩，周于四方；废居积贮，满于都城"。从东周时起，洛阳便因其地处中原腹心而成为繁华的商业都会，经商是洛阳的传统特色。东汉洛阳在这方面自然是不亚于西汉长安的。

上述京师城建与管理体制一直保持到隋唐时期，到北宋初才有重大突破。

2. 汉代都市的交通管理

京师的交通管理，是一项系统工程。我们如果把城门看作"点"，驰道看作"线"，居民区看作"面"，那么点线面的有机结合，便构成全城交通管理网。为对各个部位实施有效控制，从内到外，皇城、京城、外郭、京畿，一圈套着一圈，部署相应的管理力量，进行巡察、稽征和交通梳理。这样，整个京师地区，便笼罩在一个庞大的交通管理网络之中，任何部位发生问题都可以及时处理。

为了进行有效管理，汉朝制定了相应的政策法令，并设立管理城门、街道、坊里的官职。为其配备了相应的管理力量，从制度上、组织上给予

保证。

城门管理是都市治安管理与交通管理的第一道工序。汉代城门管理由专职官员负责，并配以专门法规。西汉设城门校尉一职，秩二千石，相当于郡守，职掌京师城门守卫。此外还设有十二名城门候，秩六百石，各管京城一门，负责城门禁卫、梳理交通、处理事故。此外，还要主管城门启闭、稽查行人，保证京城尤其是皇城的安全。同时，各门均有屯兵，由司马统领，司马秩千石，在城楼上下巡察驻防，负责城内禁卫。

京师城门候的工作并不好做。光武帝建武十一年（35），皇叔刘良出城送丧归来，进入夏城门中，正和中郎将张邯迎面相逢。当时城门中道狭窄，双方车骑又多，无法同时通过。刘良便斥骂张邯，令其退避，后又召来城门候岑尊，斥令岑尊叩首于马前，并令其在前引道数十步方才罢休。当时主管京师地面治安事宜的是司隶校尉鲍永，此人特别耿直。他一听此事，便奏上一本，弹劾刘良目无国家法纪，公然侮辱京城守卫官员，定罪为"大不敬"，并要求给予惩处。朝纲为之肃然，连刘秀本人也说："贵戚且宜敛手，以避二鲍。"（二鲍指鲍永与鲍恢二人）幸亏有个鲍永，否则这些贵戚，还不知要横行到什么地步呢？

尽管如此，城门禁卫还是得认真执行。光武帝有一次微服出游，天黑后想从上东门进城，便让随从叫人打开城门。城门候郅恽在门楼上回话说："宵禁是国家法纪，人人都得遵守，我的职责是依法守卫城门。现在天已黑了，难以辨认，为防异常，我不能开门！"随从说可以点上火把，在门缝中验看是谁来了，郅恽仍然坚持"难以辨认"而没有开门。光武帝只好绕道进城，事后还奖赏了郅恽。

除了城门，驰道的管理也受到汉朝的特别重视。驰道制度是秦代形成

的，汉承秦制，在此之外又有发展。汉律曾规定："骑乘车马行驰道中，已论者没入车马被具。""诸使有制，得行驰道中者，行旁道；无得行中央三丈也。"

西汉哀帝时，司隶校尉鲍宣就曾据上述法令上书弹劾过丞相孔光。当时孔光依例去巡查皇家园陵，"以令行驰道中"，他的随从也行于驰道之中。鲍宣认为丞相随从无权行驰道中央，于是令手下阻拦其车马，使孔光大受屈辱。

大臣不得行驰道中，太子、公主也不得行驰道中。西汉元帝有一次因急事召见太子，当时太子住在桂宫。他走出龙楼门后，不敢横穿驰道直接去未央宫，而是绕道城西的直城门，进了未央宫。元帝怪他来迟了，待他禀明原因，元帝很高兴其守法守制，于是下了一道诏令允许太子行驰道。

对于驰道的这种严格管理，当然是为了保证皇帝的绝对安全，但也未免太过于严谨了。到汉平帝元始元年（1），国家才下令"罢三辅驰道"，在关中京畿地区不再执行这项严格的规定，也不再阻挡大臣、平民的车马行于驰道了。从秦始皇起形成的驰道管理体制，这才有了一个大变化。后世除京师主要干道，即直通皇宫的"御道"的管理从严外，其余道路的管理便没那么严格了。

扩展阅读　徐福东渡

　　公元前219年,秦始皇到东边沿海各郡巡视。在泰山封禅刻石后,又东行至海,只见云海之间,山川人物时隐时现,蔚为壮观,令秦始皇心驰神往。这种景象本是海市蜃楼,但方士为迎合秦始皇企望长生的心理,将其说成传说中的海上仙境。徐福乘机给秦始皇上书,说海中蓬莱、方丈、瀛洲三座山上有仙人居住,可以得到长生仙草,并趁机要求出海为秦始皇寻找三神山和长生不老之药。秦始皇大为高兴,于是派遣徐福并童男童女千人,入海求仙人。

　　据史料推断,徐福此次是从琅琊港一带出航,很快到达了朝鲜半岛西海岸,并对西海岸进行了详细的勘察。但遗憾的是,徐福在这里并没有找到长生不老的仙药,于是又原路返回了琅琊。

　　徐福知道此次无功而返必难逃一死,于是他主动拜见了秦始皇,巧妙地回答了出海求仙的事情。徐福自称见到海神,海神以礼物太薄为由拒绝给予仙药。对此,秦始皇深信不疑,增派童男童女及工匠、技师,带上谷物种子，令徐福再度出海。

徐福东渡日本的海上探险活动，给世人留下了一个个不解的谜团。后人只能从相关的史料记载中了解一二。后周显德年间齐州开元寺的高僧义楚著有《义楚六帖》，该书说："日本国亦名倭国，在东海中。秦时，徐福将五百童男、五百童女止此国，今人物一如长安。……又东北千余里，有山名'富士'，徐福至此，亦名'蓬莱'……至今子孙皆曰秦氏。"据传这一消息来源于义楚的日本朋友弘顺和尚，可见"徐福东渡日本说"最早是在日本本土流传开来的。

徐福东渡将秦时先进的技术文化带到了日本，促进了日本社会的进步，加强了中日两国的往来，同时也揭开了中国航海事业的新纪元。正如日本著名史学家井上清先生所言，"（日本古代社会）在中国文明的巨大影响下，到公元4至5世纪就渡过了野蛮阶段，进入了文明阶段。这种情况如果和美索布达米亚、埃及、印度和中国的人类文明发祥时代比较，落后了2000年到4000年以上。和希腊、罗马的古代文明时期相比，也落后了1000年左右。"

第二章　四通八达——畅通无阻的秦汉交通

第三章 独具匠心——灿烂的秦汉手工业

秦汉时期的手工业是沿着战国时期的趋势而向前发展的，它与商业的发展互为因果。秦汉时期的手工业部门大致可分为纺织业、制盐业、酿造业、冶铁业、铸造业、印染业等生产部门。其中最繁荣的当数纺织业、制盐业、酿造业与漆器制造业。

丝绸与纺织技术

我国是世界上最早饲养蚕和缫丝织绸的国家。秦汉时期，纺织业的生产规模以及织造技术均有较大发展。近年来，花色品种繁多、品质精细优良的秦汉纺织品实物屡有出土，为我们考察当时纺织业的发展状况提供了珍贵的实物资料。

秦汉时期，官营纺织业生产规模宏大。除在朝廷中设有掌管织作缯帛的织室之外，官府还在纺织业发达地区直接经营一定规模的纺织工场。据记载，织室每年所需的经费高达五千万钱。一些著名的官营纺织工场"作工各数千人，一岁费数巨万"（《汉书·贡禹传》）。从所需经费和织工人数，可以想见当时官营纺织工厂的规模之大。

私人经营的纺织业同样兴盛发达。司马迁在《史记·货殖列传》中说，通邑大都中从事买卖"帛絮细布千钧、文采千匹、榻布皮革千石"者，可以"比千乘之家"。

官僚地主的田庄往往自营纺织。有关王公贵族家中"夫人自纺绩"的记载史不乏书。据《四民月令》记载，地主田庄中还有专门的"蚕妾"。田庄所从事的纺织活动，包括养蚕、缫丝、织缣、擘丝、治絮、染色等全部生产过程。所产出的丝织物，除满足田庄自身消费需要外，亦出售求利。

纺织业又是当时民间分布最广的家庭手工业。个体经营的小农家庭无一不是"男子力耕""女子纺绩"，因而纺织业的发展具有广泛的基础。

随着纺织业生产规模的扩大，社会消费的纺织品数量也有了明显增加。《盐铁论·散不足》中说："古者，庶人耋老而后衣丝，其余则麻枲而已，故命曰布衣。及其后，则丝里枲表，直领无袆，袍合不缘。夫罗纨文绣者，人君后妃之服也。茧绸缣练者，婚姻之嘉饰也。是以文缯薄织，不粥于市。今富者缛绣罗纨，中者素绨冰锦。常民而被后妃之服，亵人而居婚姻之饰。夫纨素之贾倍缣，缣之用倍纨也。"

当时的统治阶级生活日益腐化奢侈，消耗了大量的纺织品，封建皇室出现了"宫女积于房掖，国用尽于罗纨"的局面（《后汉书·陈蕃传》）。一些官僚贵族家中，"锦绮缋縠纨素奇玩，积如丘山"（《后汉书·董卓列传》），"媵御数百，无不兼罗纨"（《后汉书·刘焉袁术吕布列传》）。这种状况在考古发掘中也得到了证实。在长沙马王堆一号汉墓出土的女尸身上，包裹着约二十层衣料，其上又覆盖着两层棉袍，墓中还出土有整幅或不成幅的丝帛五十多件，皆是为死者所备的衣料。据江苏连云港市海州西汉霍贺墓出土的遣策记载，墓主身着的衣物达一二十件之多。海州西汉侍其繇墓遣策记载，该墓随葬的各种丝织品衣物有三十多件。江陵凤凰山八号墓遣策记载的随葬衣物多达三四十件。

据史书记载，秦汉皇室和官府用于赏赐或发放的纺织品数量也非

第三章 独具匠心——灿烂的秦汉手工业

常惊人。如西汉霍光死后，汉宣帝"赐金钱、缯絮、绣被百领，衣五十箧"（《汉书·霍光金日䃅传》）。东汉安帝时，因"戎狄叛乱，国用不足"，朝廷下令降低了诸侯王丧事的赙赠标准。董卓官拜郎中，汉桓帝"赐缣九千匹"（《后汉书·董卓列传》）。据《汉书·食货志》记载，汉武帝在元封年间出巡时，"所过赏赐，用帛百余万匹"，同时仅仅在各干官处，就储备有丝帛五百万匹。除赏赐之外，官吏、将士、戍卒、田卒等也需由官府发放衣物。如果没有纺织业的发展为基础，很难想象官府会有如此大的纺织品储备。

秦汉时期，中原地区的纺织品通过赏赐、贸易等多种渠道，大量输往边疆少数民族地区。据《汉书·匈奴传》记载，匈奴"好汉缯絮食物"。武帝时，匈奴单于曾上书要求岁给"杂缯万匹"。汉宣帝甘露年间，匈奴呼韩邪单于臣服，汉廷赏赐"衣被七十七袭，锦绣绮縠杂帛八千匹、絮六千斤"。元帝竟宁元年（公元前33年），"单于复入朝，礼赐如初，加衣服锦帛絮，皆倍于黄龙时"。整个两汉时期，汉朝赏赐匈奴及其他少数民族纺织品的记载不胜枚举，赏赐的数目显然也在不断增加。

中国的丝织品，不仅可以通过海路输往南海，而且还为当时的西方世界所称道。

两汉时期（公元前206—220年），在农业生产日益繁荣的基础上，手工业亦得到了相应的恢复与发展。纺织业的高度发展、丝织品的大量使用，直接刺激、促进了刺绣工艺的提高。华美的丝绸和多彩的刺绣成为汉代手工业领域的两朵奇葩。唐人卢照邻在《长安古意》中想象汉代的盛况："龙衔宝盖承朝日，凤吐流苏带晚霞。"马车的车盖、车幔上面绣着凤凰，垂饰是用五彩羽毛或丝绸做成的流苏，这些流苏好像是凤凰吐出来的，带来了晚霞一般的光彩。

汉代刺绣品种繁多，绣技精巧，分布地区广，屡见于文献记载。从著名文学家、史学家班固的《西都赋》中"昭阳特盛，隆乎孝成。屋不呈材，墙不露形。裹以藻绣，络以纶连"的描写中可以看出，不但衣服用刺绣来装饰，皇宫里的墙壁也布满了华丽的刺绣品。西汉大臣霍光逝世时，汉宣帝赠绣被百领。班固还曾为此事作诗曰："长安何纷纷，诏葬霍将军。刺绣被百领，县官给衣衾。"当时，不仅皇宫如此，大地主、大商人的宅第也是一样。《汉书·贾谊传》中就有"白縠之表，薄纨之里，缘以偏诸，美者黼绣，是古天子之服，今富人大贾嘉会召客者以被墙"之句。这说明汉代对于刺绣品的欣赏与使用已成为风靡一时的"玩好"，以致最高统治者不得不采取限制的措施。据《汉书·高祖本纪》记载，贾人"毋得衣锦绣、绮縠、絺纻、罽"。《后汉书·皇后纪》夸奖邓皇后的节俭时有"御府、尚方、织室锦绣……之物，皆绝不作"之句。汉代，刺绣与锦还作为珍贵的赠品，赠予匈奴等少数民族贵族。《史记·匈奴列传》记载了汉代诸部族君长"喜衣锦绣"。汉宣帝时，呼韩邪单于来朝觐见，汉宣帝赐帛、绮、绣共计八十匹。为了满足西北部族首领的需要，汉朝每年要织成千上万匹锦绣，作为团结部族的礼品运往西北。

刺绣在汉代已开始进行专门生产。东汉时的王充在《论衡》一书中说："刺绣之师，能缝帷裳；纳缕之工，不能织锦。"这说明绣工与织工已有明确分工。在官营手工业中设有专门的纺织、刺绣作坊。京城长安便有"东织室""西织室"，由隶属于少府的"织室令"主管，专门织绣皇室贵族使用的各种衣服用品。汉代统治者还在一些织绣工艺高度发达的地区，如陈留、齐、鲁一带设立管理机构。民间刺绣在齐鲁比较发达，王充说:"齐郡世刺绣,恒女无不能,襄邑俗织锦,钝妇无不巧。"汉代刺绣的品种以衣服装饰以及日用杂物为主,作为观赏的"画绣"还没有出现,这一点我们从出土的文物中也可得以证实。

秦汉漆器制造业

漆器制造业在秦汉时期发展很快,是当时手工业中一个重要的生产部门。

生漆(即漆树分泌的汁液)是制造漆器的主要原料。它的生产与利用,在我国具有悠久的历史。在远古时代的神话传说中就有利用生漆的记载。考古发掘的材料也证明早在原始社会时期,我国古代劳动人民就已开始制作漆器了。先秦时代,漆器制造业不断发展。至秦汉时,漆器的生产更是出现了空前的繁盛。

当时的漆器制作,多是以木为胎,或经旋挖,或经斫削,或以薄板卷合胶粘,先制成器物的木质胎骨,而后加以髹漆。这种木胎漆器一般比较厚重,在出土的秦汉漆器中最为常见。麻布胎漆器的制造工艺难度较大,制成的器物轻巧精美。这种漆器在战国时期的墓葬中多有发现。至秦汉时，麻布胎漆器则更为流行。竹胎漆器在秦汉墓葬中较为少见。另外，朱漆的陶器、铜器、铁器和皮革制品在考古发掘中亦屡有出土，反映了当时髹漆手工业的发展状况和漆器的流行。

秦代墓葬出土的漆器略少，但品种较多，造型严谨，纹饰精美，设色庄重富丽，艺术成就颇高。秦代漆器取得的艺术成就与其严格的管理是分不开的。据湖北云梦睡虎地秦简（第348、349号简）记载，秦汉漆园的管理实行生产责任制，如果漆园被评为下等，有关官员要受到惩罚，如果连续三年被评为下等，有关官吏则被撤职。秦代漆器亦以日常生活用具为主，常见的有盒、杯、勺、盂、壶、盘、樽、奁等，多为传统器型。双耳长盒、凤形勺、匕等为秦代独有的器型。秦代漆器以木胎为主，另有麻布胎和竹胎。制作工艺有挖、斫、揉三种；装饰技法有烙印、针刻与彩绘；纹饰多采用写实和夸张的手法，有动物、植物、自然景物和几何纹四大类。

汉代漆器在秦代基础上继续繁荣发展，其出土数量之多、品种之繁、工艺之精，都达到了鼎盛时期，同时也形成了自己的特点。汉代朝廷设有专门制造漆器的工场，并设官吏管理，蜀郡、广汉郡生产的漆器供宫廷使用，类似明清瓷器的官窑。汉代漆器仍以日常生活用具为主，另有文具、兵器、乐器、丧葬用品等，尤具时代特征的是出现了许多以前不曾有过的鼎、钟、钫、壶、盘等新器型，而战国时期楚国漆器中常见的高柄豆、镇墓兽等几乎不见。装饰工艺可分为彩绘、刻划、镶嵌、金银箔贴、戗金等，尤以彩绘的使用最多，特别是利用漆黏稠不易展开的特性来表现物象立体感，具有浅浮雕效果的堆漆法为以前所未见。在继承前代镶嵌工艺的同时，将战国晚期出现的扣器又发扬光大，使器物更加精美。所谓扣器就

第三章 独具匠心——灿烂的秦汉手工业

是在盘、盒、奁等器物的口沿上镶嵌镀金或镀银的扣圈，少则一圈，多则七八圈。扣器的使用在汉代有严格的规定，《汉旧仪》载："大官令尚食，用黄金扣器；中官长、私官长尚食，用白银扣器。"显然，平民百姓是不准使用扣器的。汉代漆器的纹饰十分丰富，大致可以分为几何纹、动物纹、现实生活题材和神话故事题材四大类。

秦汉时期的酿酒业

我国酿酒的历史十分久远。酿酒的主要原料是粮食，所以古代酒业的发展必须依赖于农业的发展。秦汉时期，农业迅速发展，粮食产量也有所增加。在此基础上，酒业生产的规模达到了前所未有的程度。

秦汉时期的酒肆作坊，在都会和乡里分布极广。小手工业者经营的作坊多是自酿自卖，此类作坊虽然规模不大，但数量多、分布广，其酒类生产的总量亦无法精确估计。

1.《酿酒》画像砖场景

此画面表现的是汉代工人在工棚下酿酒的景象。画面的右边是工棚，工棚顶部瓦楞清晰。棚下靠中的一人，正挽着袖子在一大容器旁忙碌，旁边有一人正在帮他的忙。他们的前面有一个长方体的台子，台子下方放有三个酒坛。台子的左端一人抱着一个容器，即将走出画面，仿佛沽酒而归。画面的左上角有一人手推一车，车上放着方形容器，正要离开画面。画面的左下角有一人肩挑两个酒坛，大跨步向左走出画面。整个画面把酿酒、买酒、运酒的场面表现得生动而形象，为我们再现了汉代酒坊的热闹情景。

2. 秦汉时期官僚贵族地主酿酒

秦汉时期的皇室以及官僚贵族、田庄地主为满足自身消费，亦多自设作坊制曲酿酒。皇室所需酒类的生产与供应，由少府属下的太官、汤官主管。"太官主饮酒，皆令丞治，太官、汤官奴婢各三千人"（《汉旧仪》），"太官、汤官经用岁且二万万"（《后汉书·皇后纪》）。其生产费用以及生产者的数量之多，足以说明皇室酿酒作坊的规模之大。官僚贵族自家酿酒的现象也很普遍，如西汉中期权臣霍光的亲属曾"私屠酤"（《汉书·赵尹韩张两王传》）。至于田庄地主的情况，《四民月令》中有"曲室""作曲""酿春酒""溃曲酿冬酒"等记载，说明田庄所需之酒多系自酿。在内蒙古和林格尔汉墓壁画中，亦有反映田庄地主自行酿酒的内容。

3. 禁酒之令

秦汉期间，封建统治者屡行禁酒之令。秦代有"百姓居田舍者毋敢酤酒"的禁令（《秦律·田律》）。整个两汉期间，每逢灾荒，封建统治者就会下诏"禁酤酒"。汉文帝时曾下诏，把"为酒醪以靡谷者多"（《汉书·文帝纪》）列为当时社会谷物不足的主要原因之一。上述现象表明，当时酿酒业的生产规模之大，已影响了农业生产并造成了谷物的大量耗费。

4. 酒被推为专卖品

西汉中期，封建统治者为增加朝廷的收入，在推行盐铁官营、均输平准等政策的同时，一度"榷酒酤"（《汉书·武帝纪》），即官府对酒实行专卖制度。酒之所以被选择为专卖品，说明了当时酿酒业在社会经济中的重要地位。

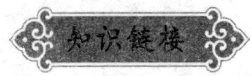

铜酒筩

铜酒筩是西汉时期南方人常用的一种盛酒器具。1983年，在广州市西汉南越王墓中共出土十多件铜酒筩，往往两三件大小相套。如下图所示的铜酒筩，高约40厘米。该筩呈直筒形，腹壁呈曲弧状，上腹安双耳，平底下置矮圈足。腹上饰三组几何纹，主题花纹在筒腹中部，为四组羽人驾舟图。据专家研究，这是一个杀俘虏祭水神的场面。船上旌旗高飘，刀剑耀眼，鼓声催魂，气氛肃穆、激昂、悲壮，惊心动魄，非常壮观。

这件铜酒筩上是一幅绝妙的叙事画卷,将越人的形象、服饰、习俗、器物乃至于当时的水禽海物等,都惟妙惟肖地再现在我们面前。这件具有南越人特色的器物与南越王墓中出土的具有明显中原风格的青铜礼乐器杂处在一起,真实地再现了融合汉族文化和越人文化的南越国文化。

这件铜酒筩藏于广州南越王墓博物馆。此前广州出土的汉代陶提筩上一般有墨书"减酒十石,令兴寿至二万岁"等字样,由此可证明此南越王墓出土的铜筩亦为盛酒之器,作用类似于中原的铜壶、铜卣之类的器具。

秦汉时期的制盐技术

煮盐是秦汉时期重要的手工业之一。汉武帝时实行盐铁专卖制度。著名的《盐铁论》反映了盐在当时国家经济中所占的重要地位。《史记·货殖列传》也有"山东食海盐,山西食盐卤"的记载,盐卤即池盐。

当时盐的种类,包括海盐、池盐、井盐、岩盐等。海盐的生产方法,首先是煮,其次是晒。煮盐即汲取海水或盐池、盐井中的咸水,经蒸煎而制成盐。

盐池,又叫盐湖。我国的盐湖主要分布在新疆、青海、陕西、宁夏等

地。我国历史上最早、最著名的湖盐产地是山西运城湖盐，因该地古时又称解州，因而此地产出之盐又被称为解盐。

岩盐又称石盐，是自然界中天然形成的食盐晶体，可以直接取之食用。岩盐最早产于新疆、云南、西藏等地，"白盐如玉"是岩盐见于史书的最早记载。

在井盐生产中，需先凿井取卤，而后设灶煎制。古有"西州盐井，源泉深也"（《论衡·别通篇》）的记载，表明这种盐井相当深。为提高取卤的效率，至迟在东汉时已采用机械提卤的方法。在今四川省境内的东汉墓葬中，曾多次出土盐井画像砖。

四川博物馆所藏汉《盐井》画像砖，约在20世纪50年代出土，此画像砖表现的是汉代四川井盐汲卤熬制的整个过程。画面中的盐场处在树木茂密的山林中。盐井位于画面的左下角，上面的井架一直伸到画面的顶端。井架共三层，上面两层各有两人相对站立，正在用吊桶汲取卤水，再用竹筒把卤水引到煮盐灶上。盐灶位于画面的右下角，灶棚下共有五眼灶，一人在灶后操作，一人在灶旁扇火、加柴。灶棚外的其他人似乎是来送柴的，又或者是背负重物，伛偻而行，将盐运往他处。此图生动地再现了古代制盐的真实情景。这个场景表明汉代的井盐生产已经具有一定程度的机械化，生产也具有了相当规模。

秦汉时期，我国古代劳动人民已开发利用天然气作为煮盐的燃料。据《华阳国志·蜀志》记载，临邛县有"火井"，"以竹筒盛其光藏之，可拽行，终日不灭也""取井火煮之，一斛（卤）水得五斗盐，家火煮之，得无几也"。

 知识链接

盐铁会议

盐铁会议是西汉昭帝始元六年（公元前81年）时，霍光以昭帝名义，根据杜延年的建议，命丞相田千秋、御史大夫桑弘羊召集郡国所举贤良文学六十余人，以询问民间疾苦为由而在朝廷召开的一次由盐、铁官营问题所引起的有关国家政策的会议。会议上，贤良文学与桑弘羊等人就汉朝的内外政策进行了辩论，其主要内容有：其一，分析民间疾苦的原因。贤良文学认为民间疾苦的根源在于盐、铁官营等经济政策，要求取消平准、均输、酒榷制度，罢盐、铁官营，主张发展农业生产，即重农抑商。其二，对匈奴的政策。贤良文学主和，尚德服。桑弘羊等人主战，崇武备。其三，关于施政方针和治国方略。贤良文学信奉儒家学说，主张德治和简法宽刑。桑弘羊等人以法家学说为指导思想，主张法治。其四，关于义利的争论。贤良文学主张人性本善，不能只讲利，坚持崇尚仁义。桑弘羊信奉法家，主张重利轻义，认为人性自私，并明确指出财富是仁义的基础。此外，会议的辩论还涉及农业的基本政策、对社会现状的评估等问题。西汉桓宽编撰的《盐铁论》一书，详细地记载了辩论的情况。

船只制造业

秦汉时期，船只的生产技术有显著提高。船只的主要生产原料是木材。经过长期的生产实践，秦汉时期的船只工匠已在木材的鉴别与选择方面积累了丰富的经验，能够根据不同的需要合理选材。此外，也出现了以皮革为原料制造漂浮工具的手工业者。

秦汉时期的船只制造业，已广泛使用各种铁制工具。《管子·轻重乙》："一车必有一斤、一锯、一釭、一钻、一凿、一銶、一軻。"秦汉时期的船只生产设备已达到了相当高的水平。广州秦汉造船工场遗址中，有三个平行排列的造船台。船台由枕木、滑板和木墩组成。枕木用以扩大受压面积，以避免造成船台局部下沉。滑板构成滑道，供船只下水使用。木墩用以支撑船体，以便于在船底进行钻孔、打钉、捻缝等作业。另外，滑道的宽度可以根据不同的需要进行调节。各个造船台既可用于分别制造大小不同的船只，也可用以制造同一规格的大船。船场的整体布局较为合理，生产设备比较完善，充分反映了当时造船技术的高超水平。

秦汉船只制造技术的高度发展，还表现为其运载效率的提高。有学者根据广州秦汉造船工场遗址船台的规模推算，当时可造宽达8米的大船，常用船只的长度为20米左右，载重约五百斛至六百斛（约25吨到30吨），少数大船可能要更大一些。在有关文献中有不少反映当时舟船规模的零星记载，如"治楼船，高十余丈"（《史记·平准书》），"装大船……载坐直之士三千人"（《水经注·江水》），"池中后作豫章大船可载万人"（《三辅黄图》）等。尽管这些记载不免有些夸张，但也反映了当时的船体之大、载重量之高。

同时，船舶的推进设备和其他设备日臻齐全，无疑会大大提高航速。当时已出现以桨架为支点，可以用全身之力划动的长桨，较大型的船只往往使用数十支长桨。具有更高效率的推进工具橹，在汉代时也已出现。至迟在汉代时，船舶上已经使用风帆和舵。风帆的使用，开始了人类利用风力行船的历史。舵的使用，大大增强了操纵航向的灵活性，为提高航速创造了条件。此外，根据出土的汉代船舶可以看出，当时的船体设计已经考虑到如何减少流水阻力的问题，这也有利于航速的提高。总之，我国古代船舶制造业的各种主要设备在汉代时已基本齐备了。

汉代船只的种类大致有用于军事斗争的战船，用于运送物资的货船，以及用来运送往来行人的渡船等。汉代漕运的规模很大，其中由关东地区向关中运输粮食成为常年的固定任务，所需漕船的数量也就很多。如汉宣帝时，为"近籴漕关内之谷"而用于修治舟船的费用，一次即达"二万万余"钱（《汉书·食货志》）。《汉书·沟洫志》中说，汉成帝时，为了救济灾民，一次就征调"河南以东漕船五百"，可见当时漕船使用的规模是相当大的。《后汉书·文苑传》说"鸿渭之流，径入于河，大船万艘，

转漕相过",形象地描述了这种盛况。

汉代战船的规模同前代相比已有了很大变化,不但数量多,种类各异,而且制作工艺明显提高。还在秦代时就有"楼船之士南攻百越,使监禄凿渠运粮"(《史记·平津侯主父列传》)的记载,说明这一时期即已出现了大型战舰——楼船。史载汉武帝在昆明池训练水军时,"治楼船高十余丈,旗帜加其上,甚壮"。武帝时征伐南越也调集了"江淮以南楼船十万师"(《汉书·西南夷两粤朝鲜传》),《史记·平准书》更记载有"因南方楼船卒二十余万"。其战船数量,文献中常用"舳舻千里""前后相衔,千里不绝"一类的句子来形容。直到东汉时,当岑彭攻打公孙述时,"装直进楼船、冒突露桡数千艘"(《后汉书·冯岑贾传》),汉将军马援"将楼船大小二千余艘"(《后汉书·马援传》),这都说明了两汉时期战船使用的频繁和数量之巨。东汉末年,王粲曾有诗曰:"连舫逾万艘,带甲千万人"(《文选》卷二十七)。可见,两汉时代水军已在双方的军事斗争中占据了很重要的地位。除大型战船外,也有许多民用小型舟船来往江河,如《淮南子·俶真训》就记载了巴蜀之地的人有"越舲蜀艇"的造船技能。当时民间造船的规模也很大,司马迁在《史记·货殖列传》中曾说"船长千丈"。

汉代造船业的兴盛,还表现在船只的产区分布极广。总体来看,大约有五大地区成为造船业的集中地。其一是长江上游地区,这里主要是指巴蜀地区。早在战国时期,即有"司马错率巴蜀众十万,大舶船万艘,米六百万斛,浮江伐楚"(《华阳国志·蜀志》)的记载,楚汉战争时"蜀汉之粟方船而下"(《史记·郦生陆贾列传》)的记载更说明了巴蜀地区造船业的兴盛。其次为长江中下游地区,这一带沿江分布的造船工场很多，从夷陵到会稽，文献中都记载有关于造船的历史。《汉书·地理志》记载了当时的庐江郡设有楼船官，说明极有可能庐江郡就是当时汉代水军和军船的集结地和制造场地。其三为南海地区，著名的秦汉造船工场遗址便是在广州发现的，广州在当时也是汉王朝同南洋各国水路交通的枢纽和出海港口。不仅如此，这一地区的民用船只，包括渔船、小舟等出土模型都很多，也反映了这里的舟船制造丝毫不逊色于长江沿线。其四是关中地区，这里主要是指漕运。《后汉书·文苑传》记载说："造舟于渭，北舣泾流。"可见在渭河沿岸漕运的盛况。其五为北部沿海地区，秦汉时期，中国大陆与朝鲜半岛之间的海路联系已经畅通。汉武帝曾派遣"楼船将军杨仆从齐浮渤海"。三国时期魏明帝下诏青、兖、幽、冀四州大作海船，这说明上述的渤海和四州之地均应有大规模的舟船制造工场。

船只类型的增多，是秦汉制造技术进步的又一表现。当时船只种类的名称繁多且复杂，难以遍举，这是当时类型日益增多的一种反映。

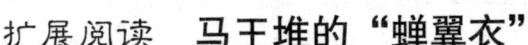

扩展阅读　**马王堆的"蝉翼衣"**

马王堆一号汉墓出土的纺织品相当丰富，有200多件。在这200多件纺织品中，有一件看上去毫不起眼，展开后却薄如蝉翼、轻似烟雾。这件长达128厘米、两袖通长195厘米的衣服，居然只有48克（一说为49克），它就是大名鼎鼎的"素纱禅衣"。

这件被称为"素纱禅衣"的丝织物，其制造技术之高，即使是现代的织造专家们都自叹不如。国内一些拥有高级工艺师与具备先进技术设备的丝绸研究所曾做过尝试，可到如今为止，也没有一家能做出这么轻的衣服，更不要说超过它。

当然，我们也要考虑到"素纱禅衣"历经2000多年可能会因一些自然的损耗减轻了重量，我们也相信现代科学技术一定能制造出更轻的织物来。然而，这一切都已经无关紧要了，因为"素纱禅衣"作为一件2000多年前的产物，工艺能达到如此高度，真是让人叹为观止。

马王堆汉墓出土的丝织物，当然不只是"素纱禅衣"一件。如一号墓出土有一件绀地红矩纹起毛绵，属于重经提花起毛丝织物，而以往人们还认为元明时代的漳绒、织金绒、天鹅绒等起绒织物的工艺是从国外传入的。现在，人们得知这不仅是我国传统的工艺，而且国外的工艺也可能是由我国传去的。

马王堆汉墓所出土的丝织物可以说代表了西汉初年的最高水平，它将永远被记载在世界科学技术史上。

第四章 日新月异——人类书写的进步

中国古人以麻、树皮、藤、竹等植物作为造纸原料，发明和使用纸浆槽、抄纸帘等工具，降低了纸张的生产成本，并使纸张的生产效率和质量得到了提高。造纸术出现以后，为改善纸的性能，增加纸的美感和艺术性，人们又先后发明了施胶、涂布、染色等多种加工处理方法。纸张种类日益繁多，用途广泛，这不仅展现了造纸技术日新月异的演变历程，也体现了在纸张发展进程中人类的杰出智慧。

秦汉早期的帛书

所谓帛书,就是将文字、图像写绘于丝织品上的一种书籍形式。在纸张被发明前,帛书和竹简通常被同时使用。在先秦的一些著作中,往往是竹简和帛书并提,说明帛在当时已是一种书写文字的主要材料。《墨子·贵义》说:"古者圣王……书之竹帛……传遗后世子孙。"《韩非子·安危》也说:"先王寄理于竹帛。"《晏子春秋》说:"著之于帛,申之以策。"这说明在春秋战国时代,上层社会已普遍用绢帛作为书写的材料。

在纸张发明以前的历史中,帛书曾是书籍的主要形式之一。丝织技术在我国有着悠久的历史。传说在公元前26世纪,黄帝的妻子嫘祖发明了养蚕缫丝。在一些新石器时代的遗址中,也曾发现原始的丝织品和石器、陶器制成的纺轮。殷商时期的甲骨文中,已有丝、蚕、帛、桑等字,安阳殷墟中也发现过丝帛的残迹,西周时期关于丝织的记载就更多了,《诗经》曾多次记载民间妇女采桑、缫丝、纺织,以及用丝织品进行贸易交换的情景。

秦至西汉年间,是帛书使用最多的时期。丝织技术的进步,为社会提供了更多更好的绢帛,以用于各种重要典籍、文书、信件的书写。绢帛等虽是当时最轻便的书写材料,但因其价格昂贵,除了贵族以外,普通人普遍难以使用。

20世纪以来,大量帛书和帛画的陆续出土,更向我们展现了古代实物的风貌。1908年,斯坦因在敦煌发现两件帛书,由"政"寄给"君明",一件呈正方形,约9厘米见方,中间有一缺洞;另一件长15厘米左右,约宽6.5厘米,保存完好。20世纪30年代至70年代,在长沙楚墓和山东临沂西汉墓中,又多次发现战国至西汉时期的帛书和帛画。

在帛书的出土中,最有名的是1973年考古学家在长沙马王堆汉墓中的发现。长沙马王堆三号墓出土的帛书有二十余种,十二万余字,用墨书写于绢帛上,字体有小篆和隶书,其中有《老子》写本两种,《战国纵横家书》《五十二病方》,另外还有关于阴阳、刑德的书。

简策和绢帛是同一时期并用的书写材料,简策由于造价较为低廉,常用作一般书籍的书写,有时也用作重要典籍、文书的起草。西汉史学家刘向为孝成皇帝典校书籍二十余年,皆先书竹,为易刊定,可缮写者以上素也。在竹简上书写,修改时可以用刀削去一层再重新书写,而在绢帛上书写,则无法修改,凡重要的政府公文,都用绢帛书写。丝织品确为纸张发明前最优良的书写材料,但由于价格昂贵,其应用还是受到了限制。

在简策和帛书的时代,"篇"是竹简的单位,而"卷"是帛书的单位。《汉书·艺文志》中所载的书籍,只有一小部分称"卷",而大多数书籍都称"篇",说明简策的使用占绝大多数。大约在春秋战国之际,人

第四章 日新月异——人类书写的进步

们在使用竹简的同时，为便于携带又发明了另外一种办法，即用绢帛来写字、画图。

长沙马王堆汉墓出土的帛图中，有一张长沙国南部地区的地图，其主要部分的比例约是十八万分之一，图中对山脉、水系、居民点、交通线等都做了比较详细的标示，而且精确度相当高，算是我国已发现的比较早的地图之一。

帛书，又名缯书，以白色丝帛为书写材料，其起源可以追溯到春秋时期，在秦汉时期得到发展，但很快又被纸张所取代。秦汉时期出土的帛书在文化的发展史上发挥了重要作用。

西汉的植物纤维纸——灞桥纸

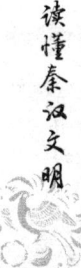

1957年，在陕西省西安市郊灞桥砖瓦厂工地上发现了一座古代墓葬。我国考古工作者立即对这座墓进行了清理，在墓中发掘铜剑、铜镜、半两钱、石虎、陶器等物品。其中值得注意的是在包着麻布的铜镜下面，放有一些米黄色的麻纸，最大的差不多有十厘米，此外还有一些较小的纸片。纸上面有明显的被麻布压成的布纹。由于长期和铜镜放在一起，纸和麻布的表面都呈现出绿色铜锈老斑。这说明这些物品是同时随葬入墓的。

考古工作者根据墓葬的形制、大小，以及出土的古镜、陶器等断定，它们的年代不会晚于西汉武帝时期，这些古纸因为是在灞桥这个地方发掘出来的，所以又被称为灞桥纸。

灞桥纸究竟是用什么原料制造的呢？人们对灞桥纸进行了反复检验，确定它的主要原料是麻。大麻是我国种植的最古老的麻类。我国最早的一部诗歌总集《诗经》中就提到"麻"和"纻"。"麻"指大麻，又称火麻，"纻"指苎麻，在汉代，它们都是麻纺业中的主要原料。人们也常把它们作为造纸的原料。

用麻来造纸，采用的也是丝绵纸——"赫蹏"的制造方法。我国古代的劳动人民穿不起丝绸、丝绵，只好穿麻制品。古书上把"布"（指麻布）和"帛"并提，把"麻缕"和"丝絮"（指丝绵）并提。当时制造麻缕，跟制造丝绵的方法一样，都是在水中进行的。《诗经》中有"东门之池，可以沤麻""东门之池，可以沤纻"之句，"沤"就是把麻长时间地浸在水中。在水中制造丝绵的时候，竹席子上总有残留着的丝绵；同样，在沤麻的时候，也总有细碎的麻筋落下来。竹席子上残留的丝绵可以做成丝绵纸，劳动人民在积累了做丝绵纸的经验以后，就很自然地采用这种方法，用细碎的麻筋制造植物纤维纸了。

灞桥纸是世界上现存的最早的植物纤维纸。它的发现，在科学技术史上具有重大的意义。一直以来人们都说纸是东汉蔡伦改良的，灞桥纸的发现说明早在西汉时代，我国劳动人民已经发明用植物纤维造纸了。

除了灞桥纸以外，在我国新疆罗布淖尔也发现了西汉古纸，不过它的时代比灞桥纸晚一点。这种西汉古纸也是用麻类纤维制造的。

我国虽然在西汉时代就有了植物纤维纸，但是那时候麻缕也跟丝绵一样，是用来做衣服的，不可能大量用在造纸上。同时，麻缕制的纸又厚又糙，不太适宜写字，它还需要进一步改进和提高，才能代替竹简、木简和绢帛。

蔡伦改进造纸术

蔡伦生活在东汉和帝时期，他是桂阳郡人，桂阳郡就是现在的湖南一带。从东汉初年到汉和帝时期，农业和手工业都在不断进步。社会经济的发展，对纸张的生产提出了更高的要求。

蔡伦从小就在皇宫里当宦官，担任黄门，后来得到汉和帝信任，被提升为中常侍，并有机会参与国家的机密大事。他还做过管理宫廷用品的尚方令，监督工匠为皇室制造宝剑和其他各种器械，因而经常和工匠们接触。劳动人民精湛的技术和创造精神，给他带来了很大的影响。

蔡伦生活的时代，写字很不方便，竹简和木简太笨重，绢帛太贵，丝绵纸不可能大量生产。于是，他就萌发了改进造纸方法的念头。

蔡伦总结前人造纸的经验，带领工匠们用树皮、麻头、破布和破渔网等原料来造纸。他们先把树皮、麻头、破布和破渔网等东西剪碎，放在水里浸泡一段时间，再捣烂成浆状物，还可能经过了蒸煮，然后在席子上摊成薄片，放在太阳底下晒干，这样就变成纸了。

用这种方法造出来的纸，体轻质薄，很适合写字，因而受到了人们的欢迎。东汉元兴元年（105），蔡伦把这个重大的成果报告给了汉和帝，汉和帝赞扬了他一番。从此，全国各地都开始用这种方法造纸。

造纸技术很复杂，不可能是某一个人凭空想出来的。事实上，在蔡伦之前，劳动人民已经开始用植物纤维来造纸了。所以我们不能说纸是蔡伦发明的，但是应该肯定，蔡伦对改进造纸技术是有很大贡献的。

《后汉书·蔡伦传》中说："自古书契多编以竹简，其用缣帛者谓之为纸。缣贵而简重，并不便于人。伦乃造意，用树肤、麻头及敝布、渔网以为纸。元兴元年奏上之，帝善其能，自是莫不从用焉，故天下咸称'蔡侯纸'。"但是，据考古发现，如1933年在新疆罗布淖尔汉代烽燧故址出土有一张古纸，同时出土的有黄龙元年（公元前49年）的木简，表明古纸乃是西汉遗物。1957年在西安灞桥古墓中发现一叠古纸，其年代约在汉武帝时期。1973年在甘肃居延发现两团古纸，年代约在公元前149年至公元前73年之间。1979年在甘肃敦煌马圈湾发现古纸五件八片，据考证应为西汉宣帝元康至甘露年间的遗物。1986年在甘肃天水放马滩发现的古纸，上面绘有山、河流、道路等，是西汉早期的遗物等。这些出土的古纸都是麻纸，表明我国至迟在公元前2世纪，就已经以麻做原料制作纸张了，从而把我国的造纸史向前推进了200多年。

蔡伦作为纸的发明者的历史地位虽然被否定了，但是他在造纸技术上的丰功伟绩却不应也不可能被抹杀。

蔡伦带领工匠改进造纸方法，造出了质量较高的纸。他提出用树皮、麻头、破布、破渔网来做原料，也是造纸技术的一大进步。这些原料来源广泛，价钱便宜，有的还是废物利用，因此可以大量生产。至于用树皮做原料，更是一个新的发现。后人用木浆造纸，就是受到蔡伦用树皮造纸的启发。

蔡伦改进造纸方法，是人类文化史上的一件大事。从此，纸才开始大量生产，给以后书籍的普及创造了物质条件。

蔡伦以后，别人又不断把他的方法加以改进。蔡伦死后大约80年（东汉末年），又出了一位造纸能手左伯。他造出来的纸厚薄均匀、质地细密、色泽鲜明，当时人们称这种纸为"左伯纸"。可惜历史上没有把左伯所用的原料和制造方法记载下来。

自从蔡伦改进造纸技术以后，造纸业就迅速发展起来了。

造纸术对世界文明的影响

自从蔡伦改进了造纸技术，提高了纸张质量以后，纸张便逐步代替了竹简、木牍，成为我国历史上主要的书写材料。自汉以后，我国的造纸技术不断改进和发展，造纸原料的范围扩展到藤、竹、稻草等。纸张的品质也逐步提高，并出现了蜡笺、冷金、错金、罗纹、泥金银加绘、砑花等不同用途的纸。

纸张不但在我国引发了一场书写材料的革命，随着中外文化的交流，纸张还先后取代了埃及的草纸、印度的树叶、欧洲的羊皮等，引发了世界性的书写材料革命。我国的这一伟大发明，对于世界文明的发展和文化交流所做出的贡献是难以估量的。

纸张在我国广泛使用后，不久就流传到朝鲜半岛。虽然具体时间无从考证，但据记载，东汉末年，朝鲜百济人曾到中国求经访学，将纸本带入朝鲜及日本。1939年，日本人在朝鲜平壤发现一座东汉末年墓葬，随葬品中就有纸张。后来朝鲜半岛又出现一种"高丽纸"，不仅满足了国内需要还行销日本和中国。后来当地人民又造出了坚厚并带有光泽的"鸡林纸"，丰富了纸的种类。汉末，朝鲜百济人将纸本书卷带到了日本，中国纸传入日本。据传，公元6世纪，高丽僧人昙征东渡日本曾将造纸书献给日本摄政王圣德太子，由此造纸书传入日本，并在奈良兴建了造纸作坊。而后，日本出现了"松皮纸""无色笺""和纸"等。在日本，圣德太子是造纸术传播的功臣，日本人为了纪念他，在造纸作坊里，常有他、蔡伦和昙征三人的雕像。

造纸术的发明，是中国在人类文化传播和发展史上做出的宝贵贡献，是中国历史上的一项重大成就，对我国的历史产生了重要的影响，也是人类文明史上的一项重大突破。

汉代书籍的繁荣

纸张的出现带来了书写材料的变革，这也是汉代书籍繁荣局面出现的一大原因。

汉代的书籍，是一个值得人们谈论的话题。汉代以前，书籍的总体数量不多，这有两个原因：一是用于书写的工具和材料太简单粗糙；二是秦末焚书，损失了不少文献典籍。项羽在反秦时一把火烧了秦的宫殿，有多少典籍被烧也未可知，但这也仅是就官方来说的。在民间，私人著书和藏书的情况尽管没有详尽的记载，但就汉代的著录情况看，秦汉的书籍应当不在少数。

《汉书·艺文志》的一段记载颇值得注意："汉兴，改秦之败，大收篇籍，广开献书之路。迄孝武世，书缺简脱，礼坏乐崩，圣上喟然而称曰：'朕甚闵焉！'于是建藏书之策，置写书之官，下及诸子传说，皆充秘府。至成帝时，以书颇散亡，使谒者陈农求遗书于天下。诏光禄大夫刘向校经传诸子诗赋，步兵校尉任宏校兵书，太史令尹咸校数术，侍医李柱国校方技。每一书已,向辄条其篇目,撮其指意,录而奏之。会向卒,哀帝复使向子侍中奉车都尉歆卒父业。歆于是总群书而奏其《七略》,故有《辑略》,有《六艺略》,有《诸子略》,有《诗赋略》,有《兵书略》,有《术数略》,有《方技略》。"这段文献记载大约反映了汉代书籍中如下几个问题。首先是先秦以来的民间书籍数目繁多。《七略》的内容涉及很广,也只是一个目录。这样大的藏书量,在汉初是不可能一蹴而就的,相当一部分书是先秦以来流传积累下来的,但这种流传和积累更多来自民间和私人著述,但也不排除汉人造了一些伪书。其次是汉初"大收篇籍",即鼓励民间向官府献书。这种鼓励在当时还表现为官府出资向民间藏书人购买,所以人们献书的热情很高,书籍的增多在汉初也就成为一种必然的现象。这种宽松的文化政策,想必对汉人的文化创作会有极大的促进和激励作用。其三是汉朝"建藏书之策,置写书之官,下及诸子传说,皆充秘府"。可见汉朝对书籍搜集和管理的重视,汉朝设置相应的职官对图书的编写进行管理,同时又对朝廷藏书做了统一规定。

汉武帝以后,特别是东汉时期,汉朝除设有太史令主管皇家图书秘籍之外,也建有诸如兰台、东观一类的藏书阁以收藏图书。可以说,中国古代图书馆阁和图书管理制度的建立,以及相关的职官制度和修史制度的确立当始于汉代。

汉代有了正规的目录学著作,这是汉代书籍发展最有力的证明。《汉书·艺文志》就是这样的目录学著作。它的影响很大,唐人修《隋书》时编写了《经籍志》,其来源便是《汉书·艺文志》。我们今天讲汉代的书籍,其文献征引和史料来源也大多出自此书。

汉代的书究竟有多少?这是一个无法确定的数目,原因有很多,首先

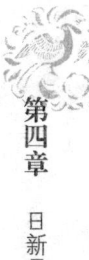

第四章 日新月异——人类书写的进步

是汉代的作者是一个无法确定的数字，特别是民间藏书家和民间作者所持有的书籍到底有多少，不好估量；其次是学派和学派内部的分支，也只能是一个约数，如汉初的黄老学派、法家学派以及经学研究中的今文学派和古文学派，其数目和著书的多少都无法统计；其三是汉代成篇的书与成卷的书是什么关系、两者的差别是什么也很难确定，成篇的书与成卷的书是否有其书，这些都是未知的。

以上这些因素对于统计汉代书的数量和种类都是不能回避的问题。然而，是不是因此就没有一个大概数目呢？当然不是。以《汉书·艺文志》的记载来看，各家书目的情况大致是"凡《易》十三家，二百九十四篇。……凡《书》九家，四百一十二篇。……凡《诗》六家，四百一十六卷。……凡《礼》十三家，五百五十五篇。……凡《乐》六家，百六十五篇。……凡《春秋》二十三家，九百四十八篇。……凡《论语》十二家，二百二十九篇。……凡《孝经》十一家，五十九篇。……凡小学十家，四十五篇。……凡六艺一百三家，三千一百二十三篇。……"

通过上面的记载可以对汉代书籍的情况有一个大致了解，汉代的学术流派有很多，各学术流派在大方向相同的情况下也有许多分支派别，各自的学术观点和学术视角也有众多歧异。因此各家著书立说，使汉代的学术呈现异常活跃的局面。值得注意的是，尽管《汉书·艺文志》著录各家学派可谓众多，书籍总量也甚为浩大，但相当一部分学派的著述未被立于学馆。而且汉代民间著述十分丰富，也远不是《汉书·艺文志》所统计的书目卷数，更多的材料是《汉书》未记录或遗漏忽略的。中国古代文献在传播过程中散佚和流失的情况也经常存在，从这个意义上说，汉代书籍的真实情况显然比《汉书·艺文志》的记录要丰富得多。从《汉书·艺文志》

的记载中又可以看到，先秦以来的各家诸子学派几乎都有记录，而且就各学派的细致分类则又显然要比先秦时期进步得多。这说明汉代的学术交流和学术争鸣还是相对较为活跃和自由的，没有这样好的学术环境，汉代书籍也就不会出现这样的繁荣局面。

汉代书籍的繁荣情况也表现为书籍在汉代可作为商品进行流通和交换。《后汉书·王充传》记载："充少孤，乡里称孝。后到京师，受业太学，师事扶风班彪，好博览而不守章句。家贫无书，常游洛阳市肆，阅所卖书，一见辄能诵忆，遂博通众流百家之言。"这说明从事售书的商人至少在东汉时已经出现了。从文献的记载上看，王充在书商的店铺里看了不少书，似乎诸子百家的各类书都有出售。这应该不是一件简单的事，如果没有书籍业在汉代的大发展，无论如何在汉代都不会有这样的书商。书商的出现，说明购书人的增多，更说明了书籍的流通、传播和普及的速度在加快。在古代商品经济长期发展缓慢的历史背景下，书肆、书坊等专业售书和制书中心的大量出现和存在，除了古代中国重教重学的风气等因素外，也和整个时代文化的进步有关。

第四章 日新月异——人类书写的进步

扩展阅读　先进的造纸加工技术

随着纸的逐渐普及，人们开始重视纸的加工。由于早期造纸技术不是十分完善，所制造的纸张相对粗糙，书有时会出现洇水现象。为解决这些问题，造纸工匠们发明了纸的加工技术——砑光。砑光是用光滑的砑石将凹凸不平、粗糙的纸面磨平、碾实，将纸面的刷痕消除，经过砑光处理的纸张平滑而有光泽。东汉末年，在山东东莱出现了造纸名家左伯，左伯纸"妍妙生光"，这种纸可能就经过了砑光加工。为了解决透印和进一步改善纸的光滑度，人们又发明了涂布和加填工艺。涂布即在纸面上涂一层白色粉末，让这些粉末填在纸面纤维空隙中，再经砑光处理，就可以得到一张光滑、厚度一致的纸了。加填则指将白色粉末直接加在纸浆中，这种纸浆制成的纸，不仅在纸面上，而且纸张内部纤维间的空隙都会被粉末填满，这样生产处理的纸不仅平整光洁而且不透印。纸张精细、平滑洁白，是人们公认的最佳书写材料。纸在书写领域内的优势逐渐显现出来，正像人们称赞的那样，用纸写信，既可免于传递笨重简牍之苦，又可节省昂贵缣帛之资，纸的质美、价廉、轻便、适用的特性得以体现。纸的发明无愧于是人类书写材料史上划时代的革命。

造纸术在晋唐时期进入了全面发展阶段。麻、藤、楮树皮、桑树皮、竹等各种新的造纸原料得以不断应用，床架式抄纸帘等造纸设备的创新，施胶、涂布、染色等造纸工艺的出现和改进，使纸张的质量不断提高，用途也更加广泛。"晓雪""春冰"是当时古人对洁白轻柔纸张的美称，是造纸术不断进步的写照。"舒卷随幽显，廉方合轨仪。莫惊反掌字，当取葛洪规"则表现了古人对纸的珍惜。

第四章

日新月异——人类书写的进步

第五章

秦砖汉瓦——辉煌的中国传统建筑

砖瓦由泥土烧制而成,它通常刻有年代、图案、吉祥语等,是研究历史和雕刻的重要参考资料。秦汉时期制砖造瓦的技术、生产规模、质量和花式品种都得到了显著发展。"秦砖汉瓦"是秦汉时期建筑装饰辉煌的象征,是中国古代文明宝库中一颗璀璨的明珠。其精美的文字、奇特的动物形象,华丽绚烂的图案,在考古、历史、古文字、美术、书法艺术史,以及思想文化方面的研究中,都有着其他文物遗迹不可替代的地位,极具艺术欣赏价值和文化研究价值。

坚固耐用的秦砖

2005年，在陕西凤翔秦雍城豆腐村制陶作坊遗址中出土有陶砖、板瓦、瓦当等遗物，其中砖瓦类约有50多件，包括长方形砖、U形砖、空心砖等。这些砖大多残缺不全，且又厚又重，没有规格，也没有足够的承重力，多数在烧制过程中出现了变形和开裂，这是秦砖的最初形态。后来，经过劳动人民的不断改进，终于烧出了坚固耐用的"铅砖"。

秦始皇陵及周围遗址出土的秦砖，其所用的陶土多取自骊山泥土，因泥土本身含有多种矿物质，经烧制后十分坚固耐用，因而才有"铅砖"的美称。

秦砖颜色青灰、质地坚硬、制作规整、浑厚朴实、形式多样。

秦砖按用途可分为铺地砖和空心砖两种。

1. 铺地砖

用于铺地，砖面饰有太阳纹、米格纹、平行线纹等。同时也有素面青砖。

2. 空心砖

体积庞大、内部空而不实，又称空腹砖、空砖。空心砖砖面饰有各种纹饰，阴刻的空心砖花纹个体较大、分布松散、线条流畅，有卫士、虎、朱雀、飞雁等花纹；阳刻的空心砖花纹个体较小，排列紧密、有舞乐、骑射、田猎等花纹。阴刻空心砖比阳刻空心砖出现的时代要早。

总之，除铺地青砖为素面砖外，秦砖大多数都饰有太阳纹、米格纹、小方格纹、平行线纹等。用于台阶或砌于壁面的长方形空心砖，则多有几何形花纹，或阴线刻划龙纹、凤纹，有的还印有射猎、宴会等场景图。

按照砖面纹饰的种类，秦砖又可分为花纹砖、铭文砖、画像砖。

1. 花纹砖

砖上有绳纹、菱形纹、回纹、圆形纹、S形纹和云纹等。

绳纹是陶器的装饰纹样之一，是新石器时代至商周时期陶器上最常见的纹饰。其制作方法是在陶坯制好后，待半干时，用缠有绳子的陶拍在陶坯上拍印，留下绳纹，再入窑焙烧。

其他花纹砖的制作过程是先将要表现的题材刻在印模上，然后将印模打印在未干的砖坯上。印模如果是阴纹，打印在砖坯上的就是阳纹；印模如果是阳纹，打印在砖坯上的就是阴纹。

2. 铭文砖

砖体上印有文字，具有历史价值、艺术价值和科学价值的古砖。

3. 画像砖

画像砖几乎都是宫殿建筑用砖,多为巨大的空心砖和条形砖,主要用作宫殿的台阶,其中以秦旧都栎阳和秦都咸阳出土的画像砖最为精美。

秦代以前砖的应用还很不普遍,因砖上有花纹,且具有装饰性,大都用在宫殿、墓葬等方面。秦末汉初,砖的使用多了起来,其用途也由装饰向承重转变,构筑城池、建造房屋都开始大量用砖了。

后来在咸阳、临潼、凤翔等地又陆续发现了大量的秦代铺地砖和画像砖,它们主要用于城墙、拱桥、塔等建筑,如举世闻名的万里长城,就是两千多年前用秦砖建造的世界上最伟大的工程之一。

美妙绝伦的秦瓦

制作和使用瓦是人类文明进步的标志之一。早在西周时期,人们就发明了瓦。秦人用瓦是秦人东迁过程中受到周人文化影响的结果。自公元前677年到公元前383年这长达290多年的时间里,秦人一直以雍为中心,历经了19位国君,不断为后来的东扩做准备。

在这里,秦人创造了辉煌的建筑文化,以各种动物纹图像为内容的瓦便是其中的一朵奇葩。

秦人早期制成的瓦,一般为素面或绳纹半圆形,至目前为止主要发现于春秋时秦都雍城遗址范围内的豆腐村、义鸣堡、铁沟村、瓦窑头、高王寺、孟家堡、姚家岗和马家庄等遗址。

中国古代的瓦分为板瓦和筒瓦两种。在房屋顶部铺瓦时,先将板瓦依次铺于屋顶,再用筒瓦覆扣于板瓦上,房檐筒瓦前端呈圆形或半圆形的遮挡部分,即为瓦当。瓦当的主要功能是蔽护屋檐,防止风雨侵蚀,延长建筑物的寿命,同时又起着美化和装饰屋檐的作用。瓦当的实物最早见于西周中晚期的陕西扶风召陈遗址,进入战国以后,瓦当的发展进入了一个辉煌的时期。

1. 动物纹瓦当

动物纹瓦当包括夔纹、龙纹、凤纹、夔凤纹、虎纹、蟾蜍纹、獾纹、虎雁纹、斗兽纹、四兽纹、鹿纹、鹿鱼纹、马纹、鸟纹、蜻蜓纹等几十种纹饰,图案之丰富,令人惊叹。动物纹瓦当首先发现于秦国的一些遗址,图案分单体动物纹和复合动物纹。其发展规律是从单体动物发展为复合动物,一般单体动物纹圆瓦当当面均无界格,这一类瓦当多出土于秦雍城遗址,时代约在战国前期和中期。瓦当当面设有区间界格的复合动物纹瓦当,其时代略晚于单体动物纹瓦当,大概流行于战国中期,这类瓦当大多出土于秦雍城遗址,咸阳、西安一带的秦遗址也有少量发现。当面以界格线分为四区间的复合动物纹瓦当,流行于战国中晚期,在秦咸阳、芷阳遗址均有出土。至秦汉时期,这种瓦当渐趋衰落。

2. 太阳纹瓦当

太阳纹瓦当亦称作轮纹或辐射纹瓦当。至目前为止,这种瓦当仅发现于凤翔雍城遗址和秦都咸阳遗址。此类瓦当中心为一圆饼,以圆为中心向四周引出约31条射线,犹如太阳的光芒。世界各地的民族,其文化大都同太阳有着密切关系,如古埃及人使用太阳历,玛雅人信奉太阳神等。太阳纹瓦当的出现,亦当理解为其是秦人对太阳崇拜的一种反映。又有人认为辐射纹图案的含义可能是象征运动着的水。秦人以水纹装饰瓦当应与其主水德有密切关系。至于将此类瓦当上的花纹看作是轮纹的人则认为其与车轮相像。

3. 图案瓦当

图案瓦当是图像瓦当的发展和变体,图像瓦当可以看作是图案瓦当的初级形态。与图像瓦当相比,图案瓦当的形象性不强,它不是对生活的直接模拟,而是一种间接曲折的反映。初看起来,图案瓦当似乎离现实生活较远,但实际上我们能在现实生活中追溯到它的源头,并找到它的模拟对象。所以说,图案艺术源于生活而高于生活。只有对生活有深刻的认识和理解,才能概括、归纳出生动的图案来。图案瓦当的出现,是当时人们认识自然、改造自然的结果。

秦图案瓦当主要有葵纹瓦当和云纹瓦当两种。独具一格的葵纹瓦当,在秦瓦当中最具地方和时代特色。它大约出现在战国之初,到战国中期基本定型,战国晚期和秦朝是其兴盛期,直到西汉初仍然使用。

云纹瓦当大约出现在战国中晚期,到秦代已基本成熟,是秦汉瓦当的大宗,陕西地区的秦汉遗址普遍出土这类瓦当。以云纹为主题的瓦当,具有光亮、明快之感，这与秦汉宫殿体现的祥云缭绕、求仙升天的思想密切相关，是当时人们祈求太平、永受嘉福意识的反映。

云纹瓦当的母体花纹——云纹，大致可分为云朵纹、羊角形云纹、反云纹和蘑菇形云纹等四种类型。它们出现的时代大体相近，约在战国中晚期，但在不同的时期其流行情况也大不一样。

考古发现，蘑菇形云纹瓦当是秦汉云纹瓦当中最流行的一种。如在秦咸阳宫第一号宫殿建筑遗址出土的19品云纹瓦当中，其中有羊角形云纹和反云纹瓦当各2品，云朵纹瓦当3品，蘑菇形云纹瓦当12品（含简化蘑菇形云纹瓦当）。云纹瓦当的四种云纹变化，总的趋势是母体纹饰由繁到简，其中以云朵纹和蘑菇形云纹最为突出。如反云纹的云朵纹从双线发展为单线。各类云纹的纹饰尾端由繁到简，主要表现为尾端由多圈变为单圈。

秦云纹瓦当当面的当心圆中，除圆饼之外，还有四叶纹、网格线、半字纹、莲子纹、曲尺纹、十字纹、同心圆纹等多种纹饰。

4. 植物纹瓦当

植物纹瓦当以秦故都雍城和西安阿房宫遗址出土的莲花纹瓦当最著名。阿房宫出土的莲花纹瓦当直径约16.2厘米，莲花蓬勃绽放，生机一片，筒瓦上印有"左宫"二字。左宫是"左宫水"的省文，宫水是秦时中央督烧砖瓦的一个专门机构。当面上印上这一文字，说明此瓦为左宫水主持烧制。宫字类砖瓦陶文大量见于秦始皇陵和阿房宫遗址，而有印章的瓦当比较少，这是秦瓦当的一种特色。

植物纹瓦当的出现略晚于动物纹瓦当，约出现于战国中晚期，主要有花叶纹，在秦故都雍城、芷阳、咸阳等遗址均有出土。凤翔豆腐村遗址出

土的莲花纹瓦当,其中心圆四周有五朵花瓣,在花瓣的中间各有一只三角形的装饰物,构图丰满华美。西安洪庆堡出土的四叶纹瓦当,其画面为四界格分区,每区有一片向外伸展的叶子,叶脉清晰。芷阳遗址出土的花苞纹瓦当,双栏十字分区,每区有伸展的花朵,含苞待放,简洁明快。这与战国时期的四叶纹铜镜相似,是六国装饰图案相互影响的明证。

植物纹瓦当中要数莲花纹最为典型,其他多为变形或零星花瓣、茎叶与云纹、葵纹相组合。

秦代植物纹瓦当于1974年和1975年在陕西咸阳秦都一号宫殿遗址出土,一般直径为16.3厘米至19厘米,边轮宽1厘米左右。秦代植物纹瓦当分两种:一为莲瓣纹瓦当,圆形,中间为单一莲瓣形,与凤翔出土的叶纹瓦当相似。二为葵纹瓦当,纹饰有四种:第一种在圈带内外用反向连弧线组成辐射状葵花形,成为一个整体图案;第二种在外圆圈带周围饰有六个卷曲纹样,似葵花;第三种为变形葵纹,中央圆圈变小,内饰花蒂,外圆圈由四个尖叶形体和四个卷云纹相间组成葵花;第四种似变形葵纹,又似变形云纹。

秦瓦当是在制陶工艺高度发达的基础上产生的,在规模宏大的建筑上,配以造型精美多样的砖瓦,构成了极富特色的建筑模式。

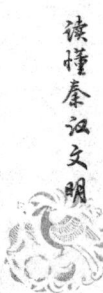

富丽豪华的汉瓦当

西汉自文景之治后,商业走向繁荣,经济得到了极大复苏,建筑方面也取得了长足的发展。

西汉宫廷楼台殿阁继承周秦遗风,气势宏伟雄壮,如长乐宫、未央宫、明光宫、上林苑,富丽豪华、规模宏大。这就为瓦当艺术在汉代大放异彩奠定了基础。

意义深远、造型精巧的瓦当显示了皇家的威严,构成了独具汉代特色的建筑风格。

瓦当一方面是建筑实用品,同时又是一种装饰工艺品。汉代瓦当题材十分丰富,人文与自然并存,神话与现实并存,抽象与写实并存,造型优美,结构多变,体现了汉人杰出的艺术构思与美术技巧。

汉代瓦当继承了先秦及秦代的瓦当艺术风格,形制有半圆形和圆形两种。半圆形瓦当流行于汉初,圆形瓦当在汉初时与秦代瓦当风格近似,汉武帝以后有了自己的特色。汉代瓦当相比于秦时期的瓦当,青出于蓝而胜

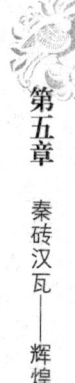

第五章 秦砖汉瓦——辉煌的中国传统建筑

于蓝。与秦代瓦当相比，汉代瓦当不仅数量多，而且种类更加丰富，制作日趋规整，图案多姿多彩。

西汉素面瓦当较少，多为纹饰瓦当和文字瓦当，纹饰瓦当又可分为图像瓦当和图案瓦当两类。图像种类极多，有麟凤、狻猊、飞鸿、双鱼、玉兔、蟾蜍等数十种，构图巧妙，独具匠心。与秦图像瓦当取材于现实生活不同，汉代瓦当图像虽取材于现实但又经过了艺术的高度夸张，出现了一些超脱现实生活的珍禽异兽，想象丰富，构思奇巧，线条细腻而不繁琐，极富浪漫主义色彩。汉瓦当主要有以下几种。

1. 文字瓦当

文字瓦当的大量出现不仅完善了瓦当艺术，同时也开辟了一个全新的艺术领域，在一定程度上反映了汉代社会经济状况和思想意识形态。

如果说在唐代人们是出于对陶砚的喜爱而最早注意到瓦当，那么到了宋代，在《渑水燕谈录》《东观余论》中，我们就见到了对古代瓦当最早的明确记载，两书记载了秦时羽阳宫遗址和西汉武帝延寿宫出土的几种文字瓦当，并进行了考证和推论。宋代是我国传统金石学大兴的时代，作为现代考古学的前身，它偏重于著录和考证古代文字资料。所以，宋人率先注意到文字瓦当，对无字的图像、图案瓦当不著一字是可以理解的。这一现象一直持续到民国时期。晚清杰出金石学家罗振玉关于瓦当的集大成之作《秦汉瓦当文字》，仅从书名便知文字瓦当在其中的统治地位。书中只有极少的图像和图案瓦当。近几十年来，现代考古学全面展开，但文字瓦当如日中天的地位并未从根本上受到动摇。

从西周时出现的重环纹瓦当起，瓦当几乎一直被统治者享用。在统治者巍峨宫阙的房檐上，瓦当一直随时代不停地变换着各种图像与图案，但对观者而言，要了解其意并不容易。所以，在瓦当上直接用文字表明君王之意及祈福致祥的心态最为直接和一目了然，于是文字瓦当的出现成为必然。

根据瓦当上文字的内容，文字瓦当可分为宫苑、官署、宅舍、祠墓、纪事、吉语等。从现有资料看，不同文字内容的瓦当约有400种，其中吉语类文字瓦当约占半数，其不同版别的实物更占存世文字瓦当的绝大多数。其他类的文字瓦当分别有三四十种。

各类文字瓦当如宫苑、官署、宅舍、祠墓，自然施于不同的特定建筑之上，其实吉语类文字瓦当也未必仅意在祈福致祥，其通用于各种建筑。例如考古发掘告诉我们，宣帝时期天子陵园的门阙主要使用"长乐未央"瓦当，很少使用"长生无极"瓦当。而皇后陵园则与之相反，淳化甘泉宫遗址多见"长生未央"瓦当，"千秋万岁""长乐未央"瓦当则极少。福建崇安城的"常乐万岁"瓦汉时多用于当地官署的门楼建筑上。

2. 汉代图案瓦当

秦云纹瓦当以蘑菇形云纹最流行，秦咸阳宫一号宫殿遗址出土的瓦当以蘑菇形云纹居多，羊角形云纹次之。西汉初年至汉武帝时的瓦当，仍沿袭秦代的蘑菇纹、羊角纹风格。汉武帝以后，西汉中晚期至东汉，绝大多数瓦当用的都是云纹。

汉代瓦当风格古拙朴质，但古拙而不呆板，朴质而不简陋，装饰意趣极浓。

云纹瓦当是西汉瓦当中数量最大的一类。当面中心多为圆钮，或饰以

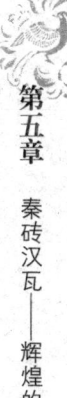

三角形、菱形、分格形网纹、乳钉纹、叶纹、花瓣纹等。云纹占据当面中央的主要部位，花纹变化复杂多样。

在流行的圆形瓦当上，最常见的装饰纹样是卷云纹。卷云纹瓦当一般在圆当面上作四等分，各饰一卷曲云头纹样。其变化较多，有的四面对称，中间以直线相隔，形成曲线和直线的对比，有的作同向旋转形。这种图纹的瓦当富有韵律和美感。

羊角形云纹瓦当，直径14厘米，边轮残损较多，当面中心为一圆钮，钮外施一周弦纹，外区以四道短线分为四格，以界格线为中轴饰四组对称的羊角形云纹，外区边缘还施一周绳索纹。

图案纹是对现实生活中具体形象的高度提炼和抽象概括，运用几何线条简略地勾勒，所表现的对象被简化，而线条本身却在不断产生新的内涵。

3. 图像瓦当

汉代瓦当中，除云纹瓦当和文字瓦当以外，还有一定数量的动物纹图像瓦当，如四神（青龙、白虎、朱雀、玄武）瓦当，蟾蜍玉兔纹瓦当和鱼、蛇、雁纹瓦当等。这些瓦当的图像，大都是一些带有浓厚神化色彩的动物，目前主要发现于一些汉代陵园建筑遗址和宗庙建筑遗址之中，有人认为这可能与汉代的神仙思想和鬼神观念有关。就发现数量而言，它远不如文字瓦当和云纹瓦当多，这可能与这类瓦当的使用范围有一定关系。

汉代图像瓦当中，以青龙、白虎、朱雀、玄武最具特色，人们称之为四灵（即四神）。四神是古代传说中的四方神，其中青龙能呼风唤雨，象征东方、春天，为四神之首；朱雀是理想中的吉鸟，象征南方、夏天；

白虎象征着西方、秋天；玄武是龟和蛇的变化组合图案，象征着北方、冬天。四神同时也被认为是颜色的象征，即代表着青、红（朱）、白、黑（玄）。四神瓦当十分注意细部的刻画，如龙的麟甲、朱雀的羽毛、玄武的龟纹等都十分清楚。四神瓦当分置于殿阁的东、西、南、北四个方向上。

关于四神瓦当出现的时间有几种看法，有人以在茂陵地区曾出土过四神图像的砖为据，认为四神瓦当是西汉中期的产物。现在考古发现的四神瓦当，均出土于汉长安城南郊西汉晚期的宗庙遗址中。咸阳市博物馆藏有汉哀帝义陵出土的四神瓦当。

汉代瓦当数量多，质量高，时代特征鲜明，文化内涵丰富，把中国古代瓦当艺术推向了高峰，并为现代美术的发展提供了素材。

豪放朴拙的宫殿建筑

秦汉建筑艺术总的风格可以用"豪放朴拙"四个字来概括。屋顶很大，已出现了屋坡的折线"反字"，即后世"举折"或"举架"的初步做法，但曲度不大，屋角坯没有翘起，呈现出刚健质朴的气质。建筑装饰题材多为飞仙神士、忠臣烈士,古拙而豪壮。

秦始皇统一全国后,大力改革政治、经济、文化,统一货币和度量衡,统一文字。这些措施对巩固统一的封建国家起了一定的积极作用。另一方面,又集中全国人力、物力与六国技术成就,在咸阳修筑宫殿、陵墓。历史上著名的阿房宫、骊山陵都是在这个时期完成的。

1. 咸阳宫

咸阳宫位于今陕西省咸阳市东,秦都咸阳城的北部阶地上。公元前350年,秦孝公迁都咸阳,开始营建宫室,至秦昭王时,咸阳宫已建成。在秦始皇统一六国过程中,该宫又几经扩建。据记载,该宫"因北陵营殿",为秦始皇执政听事之所在。秦末项羽入咸阳,屠城纵火,咸阳宫被夷为废墟。这是一座以多层夯土高台为基础、凭台重叠高起的楼阁建筑。其台顶中部是两层楼堂构成的主体宫室,四周有上下不同层次的较小宫室,底层建筑周围有回廊环绕。整座建筑借助夯土台,结构紧凑,布局高下错落,主次分明,在使用和外观上均有较好效果。

2. 阿房宫

据《史记·秦始皇本纪》记载,秦始皇三十五年(公元前212年),秦始皇认为都城咸阳人口众多,而先王的皇宫又小,故下令在故周都城丰镐之间、渭河以南的皇家园林中,仿集天下的建筑之精英灵秀,营造一座新宫殿。这座宫殿便是后来被称为阿房宫的著名宫殿。依据现有考古资料,阿房宫并未建成。唐人杜牧在《阿房宫赋》中描写为"覆压三百余里,隔离天日"的秦阿房宫是一处规模宏大的宫殿建筑群,也是我国历史上规模最宏大的建筑之一。根据勘探发掘，仅阿房宫前殿遗址夯土台基东西长1270米，南北宽426米，现存最大高度12米，夯土面积约0.54平方千米，是迄今所知中国乃至世界古代历史上规模最宏大的夯土基址。据推算，阿房宫前殿遗址的面积规模与史书记载的"东西长500步，高达数十仞，殿内举行宴飨活动可坐万人"基本一致。

3. 未央宫

未央宫在汉高祖七年（公元前200年）开始建造，由丞相萧何亲自监造。在秦章台的基础上修建而成，位于长安城地势最高的西南角龙首原上。整个未央宫有殿阁宫室40多个。在萧何看来，"天子以四海为家，非壮丽无以重威"，他要用豪华的宫殿在天下人面前尽显皇帝的至高权威。

未央宫列于长安城大街西边，又被称为"西宫"。汉人尚右，以"西"为尊，西宫就是皇室正宫，即所谓的"公宫"，未央宫总面积约为5平方千米，约占汉长安城面积的七分之一。其内有宣室、金华、承明、武台等宫殿，另外还有万岁、广明、椒房等殿阁。未央宫前殿是未央宫的总体建筑，前殿又分为前、中、后三大殿，其中中殿是正殿，皇帝登基、重要朝会等大典均在此举行。天禄阁是未央宫的藏书阁，其位于未央宫北部。司马迁就是利用天禄阁的藏书，写出了不朽之著——《史记》。

4. 长乐宫

汉长乐宫始建于高祖五年（公元前202年），在秦兴乐宫基础上改建而成。汉长乐宫的整个宫城占地面积达到6平方千米，约占全城总面积的六分之一。四周建有围墙，是中国古代规模最大的一座皇宫，远远超过北京明清紫禁城的面积。长乐宫、未央宫、建章宫，被称为汉代三宫，因长乐宫处于未央宫东，又称东宫。

1956年开始对长乐宫遗址进行勘探。对长乐宫的发掘显示出西汉时期皇家宫殿的设计与文献中的记载有许多相似的地方，这不仅证实了文献记载的真实性，也展现了古代建筑的高超技艺。今天在长乐宫遗址残留的汉代宫廷台阶上，还能够清晰地看到雕刻精美的花纹图案。

长乐宫的一处宫殿建筑的发掘还让我们发现，仅仅这一座建筑就有40多个柱础，房屋的地砖上还铺有木地板。这座建筑的主室有40平方米，装修考究，浆泥抹平的地面还涂饰成朱红色。主室北面发现的踏步也有涂朱工艺，整个台阶都呈红色。这种形式与文献记载高度一致，红色的踏步又叫丹墀，所谓"青琐丹墀"是仅供皇帝使用的装修等级，一般的王公大臣是不能僭越的。这里发现的壁画残块也是宫殿装饰华美的证据。

人们还在长安宫殿遗址发现了保存完好的砖筑地下排水涵洞，两壁用条砖砌成，上部用子母砖砌顶，涵洞高约1.3米，顶部还留有检修时进出人员的检修口，这些地下构造经过2000多年的时间依然完好，可见当时设计之完善和工艺之精细。从这些巨型地下排水涵洞的使用可以推断当时城市规划建设已经具有非常高的水准，汉代宫廷的城市化生活环境在世界上也极为先进。

宫城内的后妃宫殿之中存在多处地下通道，主要集中于太后居住的长乐宫，皇后居住的未央宫、椒房殿，嫔妃居住的桂宫等地。考古专家推测这些地下通道可能与汉代频繁发生的宫廷政治斗争有关。它们或者是皇帝后妃们与外戚亲族及其他外界势力联系的秘密地道，或者是他们在紧急情况下的逃生密道。

伟大创举——长城

《左传》中记载有这样一个故事。公元前656年,齐国举兵攻打楚国,楚国得到这个消息时,齐军已经到了陉,楚成王便派遣大将屈完前去迎敌,两军在召陵相遇。在两军开战之前,屈完在战场上看见了齐侯。齐侯仗着本国军队势力强大,想让屈完不动刀枪,直接弃械投降。

屈完便对齐侯说,如果齐军不想与楚军兵戎相见就退回齐国去,如果要想真正打一仗的话,楚国有方城作为城防,有汉水作为城池,即使不能将齐国打败,也足可自守,楚军绝不会投降。齐侯不信,拥军至楚国方城之下,亲眼见到了楚国的防御工事确实严密、坚固,才相信了屈完的话,不得不退兵回国。

这里所说的楚国方城,就是一座带有连绵不断的城墙的较为完整的防御工事,而不仅仅是一座孤城。这种连绵不断的防御工事其用途就类似于最初形态的长城。这一时期的中国正处于春秋战国时代,周王室衰微,大小诸侯各自拥有强兵,伺机夺取天下。

楚国修筑的坚固的防御工事，被处在不断争战中的各诸侯国效仿，齐、燕、韩、赵、魏、秦几个大的诸侯国，相继在自己的领地上修筑了长城，甚至连一些较小的诸侯国也开始修筑长城。

楚长城现已不存在，其遗址也尚未确定，所以关于楚长城的位置，只能依据历史文献的记载来判断。据记载，楚长城西起今天湖北竹山县，跨汉水辗转到河南的邓县，又往北经内乡县，再向东北过鲁山与叶县，后往南达泌阳县，总长近千里。而据《水经注》中"醴水又屈而东南流，径叶县故城北，春秋昭公十五年，许迁于叶者也。楚盛周衰，控霸南土，欲争强中国，多筑列城于北方，以逼华夏，故号此城为万城，或作方城"的记载来看，楚长城是由列城发展而来的，列城也就是一系列依地势排列的防御性小城。

齐长城的遗迹在今天的山东境内还可以看到，有些地方还留存着城墙的遗址，是春秋战国时期长城遗址保存最多的一处。结合这些遗址与文献记载来看，齐长城大致是从山东平阴县北起，向东乘山岭经泰安西北，再经莱芜北、章丘南、淄川西南、诸城南，至胶州南的大朱山东入海。

燕国修筑有两道长城，即北长城和易水长城。易水长城是燕国用来防御齐、赵的。《水经注》载："易水又东，届关门城西南，即燕之长城门也……又东，历燕之长城……"易水长城大致从河北易县西南，向东南穿过定兴、徐水、文安、任丘，到达文安县东南，长约250千米。

燕北长城是战国时代修筑的最后一道长城，位于上谷、渔阳、辽西、辽东等郡，大概在今天的河北至辽宁一段，长约1500千米，目前，此长城还存有部分遗迹。

这些春秋战国时期的长城，都是当时的诸侯国各自修筑的，没有连成一体，最长者约1500千米。秦始皇统一中原以后，将各诸侯国所筑长城连接起来，并增建了部分区段，至此才形成万里长城。秦始皇修筑万里长城，就像他实行的书同文、车同轨、行同伦及统一度量衡等措施一样，是为了更好地巩固中央集权制度，维护国家的安定，使其统治更加牢固长久。

秦始皇虽然统一了中原，但北方的匈奴和东北的东胡等少数民族，却常南下中原掠夺财物，对中原的生产生活造成了威胁，所以秦始皇在对匈奴等地发动战争的同时，又修筑长城等防御工事抵挡少数民族政权的侵扰，这与当时使用战马、长枪、短刀的冷兵器时代相关。事实证明，防御工事十分见效，收到了很好的效果。

汉初中原未定，匈奴单于势力渐大，开始侵犯中原。《史记·匈奴列传》记载，单于冒顿甚至"引兵南逾句注，攻太原，至晋阳下"，入侵汉朝内部地区，汉高祖刘邦亲率兵士抗击。但汉朝刚刚建立，内部也有较多矛盾，不能拿出更多兵力远逐匈奴，所以一度采取了和亲的办法。即便如此，匈奴仍多次侵扰中原。

汉武帝是一位具有雄才大略的君主，经过他对国家的有效治理，他在位期间，政权稳定，经济也跃上一个新台阶，因此有能力对匈奴予以大力还击。与此同时，也涌现出一大批优秀的官员，如卫青、霍去病等，在抗击匈奴的过程中都取得了不俗的成绩，成为一代抗击匈奴的名将。

汉武帝在历史上的成绩功不可没，除了派兵将征战外，另一个不可忽视的功绩就是修筑长城防御工事。在收复匈奴侵占的土地后，修缮加固了秦始皇时期的长城，其后又开始新筑河西走廊地区的长城。汉长城较秦长城，规模更为宏大，同时还建筑了许多亭障、列城，把长城内外的广大地

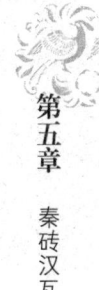

第五章 秦砖汉瓦——辉煌的中国传统建筑

区有机地结合成一个防御工程体系，坚不可摧。

汉武帝之后的汉昭帝、汉宣帝继续修筑长城，最终使汉长城的长度达到了两万里。

汉代之后直到元代，各朝都没有再大规模修筑长城。而明朝则是秦汉之外唯一大规模修筑长城的封建王朝。明朝建立之后，蒙古贵族逃回了边疆旧地，但这些不甘心失败的贵族仍不时南下骚扰。加上东北女真族的兴起，使得明统治者十分重视北方的防御。因此，明朝开始对全国各地的城墙进行修缮加固，全部用砖包砌，长城的修筑工程更为浩大，并在边关、沿海和内地很多地方加建城防、关隘。对居庸关、山海关、雁门关等重要关隘，还修建了好几重城墙，有的多达二十几重。

对长城的修筑几乎持续了整个明朝时期。明长城东起鸭绿江，西达嘉峪关，全长7300多千米。由于鸭绿江到山海关段毁坏严重，而山海关至嘉峪关这一大段却保存较好，所以我们今天所说的万里长城主要是指山海关至嘉峪关一段。

长城由城墙、敌台、烽火台等部分组成，另外还有与之相关的城障、关塞、隘口等设施。这其中最基本的建筑当然就是城墙。

虽然各朝各代修筑的长城城墙都以坚固为第一要素，但在修筑方法、建筑形式，乃至建筑结构上，却不完全相同。如用版筑的夯土墙、在山脊上砌的石墙、用石块垒砌的石垛墙、利用险山峻岭随势人工劈凿的劈山墙、利用险山作障壁的山险墙、用柞木编制的木栅墙。用木板做的木板墙。此外，在嘉峪关还有利用山崖设木栅的崖栅墙。玉门关的汉代长城城墙，则是用红柳枝与芦苇交叠，再层层铺设砂石而成。

不但不同朝代修筑的城墙有不同的特点，就是同一朝代的城墙也会因具体情况的不同而有所差别。比如说，明代修筑的居庸关长城、八达岭长城，城墙平均高7至8米，但山岗陡峭的地方，城墙不过3至5米，而地势平缓的地方，城墙却高出8米。

雄伟壮观的万里长城，是古代重要的军事防御设施，而对于现代人来说，它已经成为中国的象征。

秦汉陵墓建筑

陵墓建筑是中国古代建筑的重要组成部分，古人基于人死而灵魂不灭的观念，普遍重视丧葬，因此对陵墓的构筑十分用心。在漫长的历史进程中，中国陵墓建筑得到了长足的发展，出现了举世罕见的、庞大的古代帝后墓群。且在历史演变过程中，陵墓建筑逐步与绘画、书法、雕刻等诸多艺术门派融为一体，成为反映多种艺术成就的综合体。

1. 秦始皇陵

秦始皇陵在陕西临潼骊山北麓，总面积约8万平方千米，周围有两道陵墙环绕。陵台由三级方截椎体组成，三级总高46米，是中国古代最大的

一座人工坟墓，由于风雨侵蚀，轮廓已不是很明显。

20世纪70年代在陵东1.5千米处发现秦兵马俑和铜马车，此外，还有陶俑、陶马共七八千件。陶俑形状有将军、士兵、战马、战车等，面向东方。兵马的尺寸和形状与真人真马相似，兵俑所持青铜武器完好而锋利。

兵马俑是古代墓葬雕塑的一个类别，陶俑替代真人殉葬，不能不说是一种进步。

秦始皇陵是中国历史上第一个皇帝陵园。陵园按照"事死如事生"的原则，仿照秦国都城咸阳的布局建造，大体呈"回"字形，陵墓周围筑有内外两重城垣，陵园内城垣周长3800余米，外城垣周长6200余米，陵区内目前探明的大型地面建筑为寝殿、便殿、园寺吏舍等遗址。为了防止河流冲刷陵墓，秦始皇还下令将南北向的水流改成东西向。

秦陵的设计者不仅在墓地的选择方面表现了远见的卓识，对陵园总体布局的设计也是颇具匠心。整个陵园由南北两个狭长的长方形城垣构成。内城中部发现一道东西向夹墙，正好将内城分为南北两部分。高大的封冢坐落在内城的南半部，它是整个陵园的核心。陵园的地面建筑集中在封土北侧，陵园的陪葬坑都分布在封冢的东西两侧，并形成了以地宫和封冢为中心，布局合理、形制规范的帝王陵园。

秦始皇陵的总体布局与其他国君的陵园相比有以下显著特点。

第一，在布局上体现了一冢独尊的特点。过去发现的魏国国君陵园，其中并列着三座大墓，中山国陵园内也排列着五座大墓，但秦始皇陵内只有一座高大的坟墓，充分显示了一冢独尊的特点。其他国君陵园的布局则显示了以国君、王后、夫人等多中心的特点。这一区别正是秦国尊君卑臣的传统思想在陵寝布局上的反映。

第二，封冢位置也有别于其他国君的陵园。其他国君的陵园大多是将封冢安置在"回"字形陵园的中部，而秦始皇陵封冢位于内城南半部。从陵园总体布局来看，封冢位于陵园南半部正是由封冢"树草木以象山"的设计思想决定的。

北魏时期的郦道元有"秦始皇大兴厚葬，营建冢圹于骊戎之山，一名蓝田，其阴多金，其阳多玉，始皇贪其美名，因而葬焉"的观点，受到学术界多数学者的肯定。不过也有学者提出过异议，他们认为秦始皇陵选在骊山，一是取决于当时的礼制，二是受"依山造陵"传统观念的影响。秦代"依山环水"的造陵观念对后代建陵产生了深远的影响。西汉帝陵如高祖长陵、文帝霸陵、景帝阳陵、武帝茂陵等都是仿效秦始皇陵"依山环水"的思想来进行选择的。以后历代陵墓基本上继承了这个建陵思想。

秦始皇陵是中国历史上第一座帝王陵园，是我国劳动人民勤奋和聪明才智的结晶，是一座历史文化宝库，以规模宏大、埋藏丰富而著称于世。

2. 汉陵墓

西汉继承秦朝制度也建造大规模的陵墓，往往一陵役使数万人工作数年。这些陵墓大部分位于长安（今西安）西北、咸阳至兴平一带。陵墓的形状承袭秦制，累土为方锥形而截去其上部，称为"方上"。最大的"方上"高20余米。据记载，陵上有高墙、象生及殿屋，现在某些方上顶部还残留少数柱础，方上的斜面也堆积有很多瓦片，可证实其上确有建筑。陵内置寝殿与苑囿，周以城垣，设官署和守卫的兵营。陵旁往往有贵族陪葬的墓，并迁移各处的富豪居于附近，号称"陵邑"。这实际上是为了解决当时统治阶级的内部矛盾，将富豪、大地主集中于都城附近，便于控制。

第五章 秦砖汉瓦——辉煌的中国传统建筑

而东汉帝后多葬于洛阳邙山上，并废止陵邑，因而其"方上"的体量也远不及西汉诸陵宏巨。

汉朝贵族官僚们的坟墓也多采用方锥平顶的形式。坟前置石造享堂，其前立碑；再前，于神道两侧，排列石羊、石虎和附翼的石狮；最外，仿木建筑形式，建石阙两座，其台基和阙身都浮雕柱、枋、斗棋与各种人物花纹，上部覆以屋顶。其中以四川雅安高颐阙的形制和雕刻最为精美，是汉代墓阙的典型。此外，东汉墓前还建有石制墓表，下部的石础上浮雕二虎，其上立柱。柱的平面将正方形的四角雕成弧形，但不是正圆形，柱身上刻凹槽纹。上端以二虎承托矩形平板，镌刻死者的官职和姓氏，但也有在柱身表面刻束竹纹的。这种墓表后为南朝陵墓所使用。

西汉初期仍广泛使用木椁墓，据文献所载帝后陵的墓室，用坚实的柏木做主要构材；防水措施依旧以沙层与木炭为主。到西汉末年改进为半圆形筒拱结构的砖墓。东汉初年砖筒拱又发展为砖穹窿，至此，墓的布局不但数室相连、面积扩大，并可随需要构成各种不同的平面，墓内还可绘制壁画，或使用各种花纹的贴面砖，或在砖上涂黑白二色以组成几何图案，这些都反映了汉陵墓的发展。

东汉都城洛阳

洛阳号称九朝古都。相传在夏代，这里就是禹都阳城，但当时尚无文字记载。后来这里又是商代的都城、西周的洛邑、东周的王城，相传其是按《周礼·考工记》中所记载的营建都城的规范来建城的。

东汉光武帝元年（25）定洛阳为都城，起高庙，建社稷，立郊兆于城南，建南宫、明堂、灵台、辟雍等，使洛阳变成了一座都城。西晋皇甫谧的《帝王世纪》中说："城东西六里十一步，南北九里一百步。"城南挖城河，共设12座城门，壮观非凡。城内有24条大街，街旁植行道树，开挖水沟。城内南北二宫，富丽堂皇，颇具大国风度。

建筑的装饰：画像砖

第五章 秦砖汉瓦——辉煌的中国传统建筑

汉代的画像砖是一种表面有图像的特殊墓葬建筑材料，其集雕刻与绘画为一体，是一种为我国丧葬礼俗服务的艺术形式，一般用来构筑墓门或嵌于墓室作装饰。其题材广泛、内容丰富，能够反映汉代生活的方方面面。汉画像砖就像一幅幅生动的风俗画，是研究汉代政治、历史、经济和文化艺术最为可靠的图片资料。再加上其图像精美，颜色各异，装饰效果极佳。画像砖与画像石不同，画像石属于鸿篇巨制的多情节内容的大构图，画像砖则近似于后世的册页、斗方形式的小构图，大多显得小而精美，具有很好的艺术鉴赏价值。汉画像砖体积小、重量轻，实物和拓片一样便于收藏。还因其独特的制作方法，许多作品往往都不是孤砖单版，在收藏和鉴赏方面比画像石更方便和具有价值。

我国自古以来就有厚葬之风,至汉代尤甚。在儒家思想中,孝占有重要地位。汉人崇尚孝道,汉朝亦推行以孝治天下,把孝作为维系家庭关系的基石。汉人的孝主要表现在两个方面:一是对老人日常饮食生活的关照,二是对厚葬的重视。汉代提倡厚葬的原因还在于汉人具有灵魂不灭的观念,以为"人死辄为神鬼而有知",认为活人需要的死人也需要。许多汉墓都是仿阳宅建筑,有前门、中门、前室、主室等,有些还有侧室。此外,汉人还认为,厚葬与子孙后代的昌盛有关。上至皇亲贵戚,下至一般平民,无不崇尚厚葬。如汉武帝即位后的第二年便开始为自己修建陵墓,历时50余年,陵园规模宏大,极尽豪奢。有了厚葬风气,便会产生大型的墓室。有了大型墓室,自然会需要很多建材用砖。为了追求墓室建筑环境的优美和艺术气氛,墓室之中的建材就有可能被改进和美化。其中对墓室用砖的美化装饰,则导致大量画像砖的出现。据目前考古的数据可知,我们已发现十多万块画像砖。

画像砖按用途与类型可以进行以下分类。

第一,从用途上划分。

(一)建筑用砖

汉代以前和西汉初期的画像砖多属于此类。清代建筑上也大量出现带有花纹或图像的砖雕。

(二)墓室用砖

墓室画像砖多指西汉中后期、东汉时期和魏晋南北朝时期的画像砖。目前我们常常谈及的画像砖一般多为墓室画像砖,由于岁月风雨的侵蚀与战争的破坏,地面上的古代建筑很难被保存下来,而古代墓室建筑用砖因多在地下则有幸保存了下来。

第二，从画像砖砖型的种类划分。

（一）长条形空心画像砖

（二）长条形实心画像砖

（三）方形空心画像砖

（四）中型实心画像砖

秦至西汉初期，画像砖是一种建筑装饰材料，多用于装饰宫殿、衙舍的阶基。秦代的画像砖有模印和刻画两种制作方法，形状可分为空心砖和实心扁方砖两类。

汉代的画像砖墓是一种地域性较强的墓葬形式，其主要分布在河南省和四川省。这些墓葬因用了大量画像砖而得名，是汉代文化宝藏之一。汉代砖墓包括空心砖墓，空心砖、小砖混合结构墓，小砖墓等。

现已出土的画像砖有：

陕西画像砖，其时间约为汉武帝前后。

河南洛阳画像砖，其时间约为西汉中期至新莽时期。

河南郑州画像砖，其时间约为西汉晚期至东汉早期。

河南南阳画像砖，其时间约为时间跨度较大，西汉中晚期至东汉晚期。

四川画像砖，其时间约为东汉时期。

河南许昌画像砖，其时间约为东汉晚期至魏晋时期。

画像砖上的民生万象

根据画像体裁,画像砖可分为以下几种。

第一,舞乐百戏类画像砖。

百戏是中国古代汉族民间表演艺术的泛称,包括杂技、幻术、游戏等。我国的舞乐百戏有着悠久的历史和广泛的地域性。西周的先王之乐、春秋战国时期的郑卫之音,均曾独领风骚。秦汉时期,统一的封建王朝国力强盛,各民族之间以及我国与外域之间交往频繁。由于中央王朝对于乐舞的重视,作为文学艺术的一个分支——乐舞百戏,在秦汉时期得以发展到一个新的水平。汉代盛行的"百戏",其内容包括音乐演奏、舞蹈、演唱、杂技、武术、滑稽表演等。这方面的内容在已经出土的画像砖中,同样得到了充分的体现。河南郑州出土的一块西汉晚期至东汉前期的空心画像砖,其画面便由多幅图像组成。

《骑吹》画像砖呈现的是两排(一排三人)像仪仗队一样的马上乐队的形象,被分成两排的六匹马步调整齐,给人以整齐的感觉。三人为一列,在视觉上给人很强的团队感,在两排之间还设有相互联系的"链条"。最后一排的两匹马的一只前蹄与前排两匹马的尾部穿插在一起,在视觉上产生了前排后排联系在一起等距离行进的感觉。制作者显然也认识到了这一点,于是在后排的马背上安了一个带着伞状羽葆的华盖,两个带状的飘带把后排方阵牢牢罩住,使其与前排有了一些区别。再加上前排的马上有一带着飘带的汉节,其飘带与羽葆华盖的顶端几乎重合在一起。这样就使得比较单调的画面变得较为生动有趣。

总之,此幅画像砖不刻意突出单个人物,着意塑造了团队骑吏步调一致、整齐划一的形象,把乐队的团体精神表现得十分到位,把整个骑吹仪仗的感觉和声势都表现出来了。

第二,车骑出行类画像砖。

《辂车卫从》上的辂车为一马一驾。整个车和马形成一个大的楔形。楔形向前的冲击力是很强的,这就造成整个马车在视觉上给人一种前进之感。驾车的马的外轮廓线多处被夸张成饱满而又有力度的弧线,增强了马的力量感,使人见到它那矫健的身姿就自然会联想到日行千里的千里马。驾车人和乘车人动作自然生动。跟在车后的卫从其身体的轮廓也呈楔形,自然让人觉得他正快速随着马车一同前行。此画面把汉代官吏和随从一起急速赶路的情景表现得极为生动。

《棚车》的右部为一驾带车棚的车子,棚前坐一正扭头向后望的驾车人,似乎在和车棚中的人说话,车后一人骑马跟随。整个画面处理得当,所有形象似乎都浓缩成了旅途劳顿的倦影,很好地把人们长途跋涉中车马的疲乏之感表现了出来。此画面的创作手法与德阳的其他画像砖有所不同,显得十分新异。

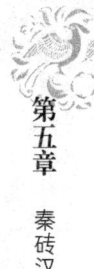

第五章 秦砖汉瓦——辉煌的中国传统建筑

《平索戏车车骑出行》共分两个部分，左边是平索戏车，右边是车骑出行。戏车者共有七人、两驾马车，左边前车一马独驾，后车却是二马共驾。前车一马独驾，上面却载有一强壮的驭手和两个相对强壮的表演艺伎，特别是橦杆上端的艺伎体形显得格外粗壮。动力不足、负载沉重的前车到了这倾斜度很大的桥头，马儿埋首曲颈、步履艰难。后车则相反，一是二马共驾，二是相对于前车负载较轻，所以二马八蹄腾空、奋力狂奔。前车橦杆因车正驶在倾斜的桥面而变得向后倾斜，却还要承载橦杆中部的艺伎。其顶端置一短横木，横木上蹲立一艺伎，右手拉索，左手向外伸出，抓住前面正竭力想要向前跳跃的艺伎的脚，以保持身体的平稳。后车的橦杆上一艺伎如猴子上树般灵巧地向上攀缘，同时一手拉索。平索上的艺伎以脚钩索，身体倒悬，二臂微曲，仿佛在随身体优雅地摆动。

桥上也有一前一后两辆轺车，前面的车一车一驾，正冲下桥去，后面的一车两驾，刚刚登上桥的顶端，两车之间导骑荷戟仰头，得意扬扬。桥的右端，两个人弓身相迎。桥下有一叶小舟，舟上有两人，似乎在撒网捕鱼。船的两边分别有一鱼一鳖。

在画的上部有一人在奔跑驱兽。右部有两人在比剑。

这样，一幅画把汉代举行大型杂技的现场和背景表现得惟妙惟肖，是研究汉代社会不可多得的直观资料。

第三，农业生产类画像砖。

农业的出现是人类征服自然、改造自然的结果。在我国悠久的农业生产发展史中，汉代是一个重要的发展阶段。已经发现的画像砖中，涉及农业生产的题材十分广泛，几乎包括了农事活动的全过程。这些画像砖大多为东汉时期的作品，为我们研究了解汉代农业生产的全貌提供了宝贵的第一手资料。农业生产题材的画像砖主要分布在四川地区，反映了南方水田农作的实际情况以及制盐、酿酒、织锦等生产活动。

《播种》画像砖，上右一人和下右三人动作姿态相似、距离相近，带来一种极强的节奏感。三角形构图方式具有一种很强的向前感，很好地暗示出整个播种队伍的方向是向前的。此画中劳动者的形象统一，个性减弱而共性增强，团队的节奏感和整体的劳动号子被暗示了出来。三棵树的形状也基本相似，距离也相差不多，这样就又形成树的群体，给人一种柔和的节奏感。同时与上一个群体形成视觉和谐，互为应合，刚柔相济地表现了立体、形象和优美的劳动场景。

第四，展现封建官吏生活的画像砖。

秦汉时期，封建地主经济获得高度发展，土地兼并加剧，地主官吏及豪绅的生活日益奢侈腐化。特别是到东汉后期，宦官、外戚相继专权，地主豪强纷纷扩张势力。他们大治宅邸，声色犬马，宴饮博弈，一味追求享受。四川东汉墓中出土的一批画像砖，真实再现了地主官吏的生活。这些画像砖除了炫耀墓主人生前的地位和奢华的享受，同时还寄托着他们对权力和欲望的追求。

成都市郊出土的《庭院》画像砖再现了汉代地主官僚的住宅场景。这是一座方形的宅院，四周有墙垣围绕。内分左右两院，中以长廊相隔。左院共分三进，头进为大门，门内有两鸡相斗。二进为中庭，庭内有双鹤起舞。三进为正厅，登阶而上，是一宽敞房屋，主宾二人正在屋内饮酒。右院为二进，前院为厨房，内有水井和灶台。中间木架上挂有各种食物。后面院落矗立一座高楼，底层的楼梯清晰可见。楼侧系有一猛犬，旁有一人正在清扫院落。画面展现了一个较为完整的地主庭院。坚实的围墙、高高的望楼，气宇轩昂的正厅，体现了庭院主人的身份和地位，再现了汉代上层人物庭院建筑的风貌。宾主对饮之乐、斗鸡舞鹤之趣，正是汉代地主、官吏流行的风习。

第五，展现神话及历史故事的画像砖。

神话是古代人民对世界起源、自然现象及社会生活的原始理解。这些故事和传说往往表现了古代人民与大自然的斗争和对理想的追求。中国的神话极为丰富，它们以文字的形式保存在各种著作中，在已经出土的画像砖中，也有不少以图像形式反映神话内容的作品。

《龙车星辰》上有三条身躯苍劲有力的巨龙，拉着乘坐了两个仙人的龙车，车上两人似乎都为女性，姿态窈窕。车轮为螺旋状，暗示出龙车超凡的速度。在车下和车后的空间里，零星点缀着几颗闪烁的星辰，把龙车行驶的背景很好地烘托了出来。此砖采用浪漫主义的表现手法，把理想中的神仙世界塑造得如实景一样生动。

《二桃杀三士》是洛阳画像砖中著名的描绘历史故事的作品。画面描述的是：齐景公有三个宠臣，即公孙接、田开疆、古冶子，他们都是当时极负盛名的武士。三人都勇力过人，但却傲慢无礼，就连国相晏婴也不放在眼里。晏婴怕他们功大欺主，决定除掉他们。齐景公虽然同意晏婴的看法，但担心三武士武艺高强要除他们相当困难。于是晏婴献上一条妙计。晏婴给三武士送去两个鲜美的水蜜桃，并吩咐他们"计功而食桃"。三人受功名诱惑，私欲膨胀，忘记了兄弟情深，一场争斗在所难免。公孙接认为自己功大，伸手先取一桃；田开疆也认为自己功劳颇大，接着抢到第二个桃；古冶子本以为自己功劳最大，见桃被分完，顿时怒火中烧，拔出宝剑，一跃而起，怒斥公孙接和田开疆，二人顿觉羞愧，放下桃子拔剑自刿。面对两兄弟血淋淋的尸体，古冶子后悔自己出言太重，伤了兄弟，也自杀身亡了。

扩展阅读　萧何与未央宫

萧何，西汉初年政治家。早年任秦沛县主吏掾，秦末辅助刘邦起义。攻克咸阳后，别人忙着抢夺金银财宝，他却赶紧去接收秦丞相、御史府所藏的律令、图书，从而掌握了全国的山川险要、郡县户口等资料，对日后为刘邦制定政策和取得楚汉战争胜利起了重要作用。刘邦为汉王，以萧何为丞相，萧何推荐韩信为大将军。楚汉战争时，他留守关中，辅佐太子，制定法令，使关中成为汉军的后方，并不断输送士卒粮饷以支援作战。刘邦战胜项羽建立汉王朝，萧何功不可没。战争结束后，刘邦论功行赏，把萧何列为第一功臣，封他为侯。萧何依照秦法，重新制定律令制度，作《九章律》，又协助刘邦除掉韩信、英布等异姓诸侯王，被拜为相国。刘邦死后，他辅佐汉惠帝，惠帝二年（公元前193年）时卒。

萧何、张良、韩信，被称为"汉初三杰"，三人曾辅助刘邦打败项羽。刘邦建立政权后，张良急流勇退，退出了政治舞台；韩信封王不久，

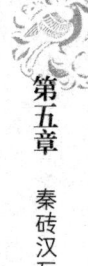

就被刘邦借吕后之手铲除；唯独萧何在丞相高位上善始善终。其间，刘邦也曾多次猜疑过他。甚至有一次因为萧何建议刘邦让农民在上林苑空地上耕种，触犯了圣命，"乃下何廷尉，械系之"。即便如此，萧何都巧妙地消除了刘邦的猜疑，继续得到重用。据《汉书》记载，他在留守汉中期内，"立宗庙、社稷、宫室"，刘邦允许他先行后奏，说明对其的信任，而萧何也利用这点"小自由"来实现自己的建国方略，包括新都城长安的建设。

萧何重视收集秦朝遗留下来的文献资料，在收集的"律令图书"中，也包括了秦六国宫室和建造皇宫的资料。

一开始，刘邦的想法是在秦都咸阳附近的栎阳建都。为长治久安计，根据张良的建议，刘邦决定建都关中地区，他选择了位于周丰镐和秦咸阳之间、渭水南岸的龙首作为未来的都城。

由于战争仍在进行，长安的建设是先宫殿后城市。在萧何的主持下，汉高祖五年（公元前202年），在秦兴乐宫的基础上改建长乐宫，后又加以装饰。据《三辅黄图》显示，长乐宫有鸿台，有临华殿（一说为汉武帝建），有温室殿。有长定、长秋、永寿、永宁四殿，高帝居此宫，后太后常居之。其中鸿台于秦始皇二十七年（公元前220年）建筑，高四十丈，上起观宇，帝尝射飞鸿于其上……

后来萧何在长乐宫的西南方向又建造了未央宫。《西京杂记》称未央宫周围二十二里九十五步五尺，街道周围七十里。台殿四十三，其三十二在外，十一在后，宫池十三，山六，池一，山一亦在后，宫门阙凡九十五。其中最宏伟的是前殿，它利用龙首山的丘陵为殿基，台基南北长350米，东西165米，由南向北分为三层台基，加上殿前的北阙和东阙（阙是皇宫门前供瞭望的楼），由此可想象其宏伟。

《汉书》载："萧何治未央宫，立东阙、北阙、前殿、武库、太仓。上见其壮丽，甚怒，谓何曰：'天下匈匈，劳苦数岁，成败未可知，是何治宫室过度也？'何曰：'天下方未定，故可因以就宫室，且夫天子以四海为家，非令壮丽亡以重威，且亡令后世有以加也。'上悦，自栎阳徙都长安。"

从对话可知，萧何是长乐宫和未央宫的总策划师，他在皇帝不知情（或装作不知情）的情况下"先斩后奏"修造这些宫殿，胆量非凡。当时各种规范均未制定，宫殿的规模、尺度、装饰标准等都没有成规可循，也只有萧何才能从秦朝的档案中掌握既要壮丽又对后世起约束作用的建筑标准。

第五章 秦砖汉瓦——辉煌的中国传统建筑

第六章

精雕细琢——规模化的秦汉雕塑

秦汉时期的雕塑以其恢宏的气势将中国雕塑推向了高峰。这一时期的艺术成就主要表现在大型纪念性石雕的出现和标志性明器雕塑的产生。此外，工艺性雕塑也达到了较高的水平。秦汉雕塑的巨大气魄和强健精神，在中国雕塑历史上留下了辉煌的一笔。

秦汉石雕艺术

秦汉时期的统治者除了修建大型宫殿外，还大肆修筑陵墓，并在陵寝前摆放石麒麟、石辟邪、石象、石马等石雕。这些石雕造型生动、刀法洗练、气势雄伟、极富动感。

秦汉时期是我国古代石雕艺术史上成绩卓著的时期，秦汉的石雕艺术对后世雕塑产生了深远的影响。

秦代最为著名的石雕，据《三辅黄图》记载，是渭水横桥的古力士孟贲石像和秦始皇骊山陵中一对高一丈三尺的石麒麟。遗憾的是，这些遗迹早已荡然无存。不过我们从史书的记载中仍可看出秦代石刻艺术的发展状况。首先，大型的人形、兽形石雕创作发迹于秦文化，并用作建筑和陵园的艺术装饰。后来这种人形和兽形的巨型石雕，逐渐演变为后世王公贵族陵墓建筑的定制。另外，兴建秦始皇陵时还"发北山石椁"，将石雕、凿刻结合，这也成为贵族和地主纷纷仿效的先例。可见，秦代石雕艺术的确是中国古代雕塑史上短暂而又辉煌灿烂的一瞬。

汉代是中国雕刻史上的关键时期。石雕艺术在秦代萌芽并得到发展，在汉代得以迅速发展。较多的汉代石雕作品流传了下来，其中不乏一些令人惊叹的作品，形成了独特的风格。

汉代石雕艺术的范围是十分广泛的，如大型纪念雕像、园林装饰雕塑、各种丧葬明器、画像石、墓室雕刻以及各种石雕工艺品。形式不一的石刻建筑也是汉代首创。

汉代石雕的新创造，首先见于汉武帝元狩三年（公元前120年）。当时，武帝大肆兴修皇家园林上林苑，并于苑中昆明池东西两岸，按左牵牛右织女的形式，设置石刻人像。现在这对石人像仍然存在。

汉代的石雕作品，给人以生活的气息。政治上的独尊儒术，并不能持久地维护帝制的法统，封建社会通过内部的自我破坏、调节，又为东汉的繁荣带来了新的活力。偏安一隅的四川地区，石雕创作特别发达，这与当时盛行的厚葬有关。厚葬的根源来自汉代崇奉孝道，古者"事死如生"，所谓养生葬死，生极其欲，汉墓无形中就成了古代社会的一个缩影。一方面，贵族地主以死后仍能占据生前的荣华富贵而感到颇为自豪，另一方面艺术家在秉承权贵意志的同时，也乐于塑造并融入美的感受。

汉代雕刻所反映的社会生活的广阔性，是其他艺术作品难以比拟的。汉代雕刻家往往是采用象征写意的手法，来刻画这种可供观者发挥想象力的场景。就其高超的艺术表现力而言，它们与古印度著名的同类石雕有异曲同工之妙。

目前尚存最古老的石雕建筑，首推山东肥城孝堂山石祠。它为仿木建筑构造，呈单檐悬山顶，面阔两间。石祠的内壁刻满了石雕画像，实为著名的古代石刻艺术博物馆，它对于研究中国早期的古典绘画和雕刻艺术有

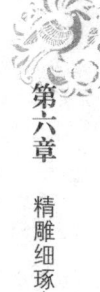

第六章 精雕细琢——规模化的秦汉雕塑

十分重要的价值。

总之，两汉诸多石雕艺术杰作的涌现，都充分地证明了汉代是中国古典文化艺术发展的又一高峰。艺术的繁荣，与当时的经济、政治、伦理、宗教哲学观、原始信仰、礼俗都有着密切的联系。统治阶级的追求，最终促成了石雕艺术的发展，并奠定了其基本形式向更完美的境界发展的必要基础。可以说，后世石雕艺术的发展，完全取决于它在建筑艺术中应用的广泛程度。通过汉代的石雕艺术，我们不仅看到了当时的社会生活，而且看到了石雕艺术发展的光辉前景。因为汉代建筑已经综合地运用绘画、雕刻、文字等形式作为各种构件的装饰，并达到了结构与装饰有机结合的程度，这正是后世中国古典建筑艺术最常见、最基本的手法。

古代帝王自即位起，就开始着手修建死后的陵墓。这些陵园和墓地犹如规模宏大的宫殿，需要差遣成千上万的人劳作。

帝王如此，王公贵族和地主也纷纷效仿，现存的汉汝南太守宗资墓的石天禄和石辟邪，虽历经千年的风雨剥蚀，仍具有雄健傲然的态势。另外，四川雅安高颐墓的石辟邪、山东嘉祥武氏祠的石狮，均为东汉的动物石雕杰作。

天禄本为神话传说中的神兽名，它作为镇墓的守护神，在战国中山王墓中已可见到，其最初呈小型双翼神兽状，后被移至墓前神道两旁，以衬托出贵族陵墓庄严肃穆和凛然不可侵犯的气势。与左边独角的天禄相对，神道右边伫立的是双角带翼的辟邪神兽，它们意为"天赐其禄，辟除邪恶"。

就陵墓的整体性而言，神道大型石雕还不足以构成其恢宏深广的气势，于是雕刻者往往在神道的最外侧，模仿木建筑形式，建两座石阙，其台基和阙身都浮雕有柱、枋、斗拱与各种人物花纹，上部覆以屋顶。其中以四川雅安的高颐墓阙的形制和雕刻最为精美，是汉代石雕建筑的代表作。

有的东汉墓前还有石刻墓表，如北京西郊东汉秦君墓墓表雄伟壮观，是几何体与兽形浮雕的美妙结合，其石础上浮雕二虎，其上立柱。柱的平面将正方的四角雕成圆弧形，柱身刻凹槽。上端以二虎承托矩形平板，板上镌刻死者的官职和姓氏。遗憾的是其顶部已脱落。这种堪与古希腊柱式媲美的墓表，我们不难看出它与后世的石雕、华表的渊源关系。

在汉墓中，我们屡屡发现凿岩而成的墓室（如西汉中山靖王刘胜墓），这在东汉时期的四川一带颇为流行。有的石室墓如同地面建筑，其风格样式都具有鲜明的时代特征，东汉的山东沂南画像石墓就是这种石雕建筑艺术的杰作。

山东沂南画像石墓有前室、中室和后室，左右又各有侧室两三间，这是对当时地面建筑的模仿。同时，我们也注意到它与西汉刘胜墓的内在联系，但东汉石室的规格与豪华程度则远过之而无不及，如此墓前室、中室的中央都建有八角柱，上置斗拱，壁面与藻井均饰以精美的雕刻图案。

可与沂南画像石墓媲美的还有山东安丘董家庄的东汉画像石墓，如其浮雕的方柱和圆柱异常壮观，方柱周身刻画的裸身人体、走兽就有40多个，圆柱周身雕刻作盘绕状的野兽，其中夹有少数人首。这些艺术形象纷繁而生动异常，它们将写意和抽象的风格融为一体，是汉代石雕装饰艺术最完美的体现。

秦汉的陶器

秦汉时期是中国陶器发展史上一个重要的阶段。虽然当时仍以泥质灰陶为主,但陶的应用范围得到了扩大,同时在艺术加工方面也达到了较高的水平。这一时期盛行陪葬用的陶俑,如陕西省西安市郊的秦始皇陵附近出土的数以千计的兵马俑,其形体巨大、数量众多,生动地反映出秦兵剽悍雄伟的真实面貌。秦汉时期的武士俑、仕女俑,以及许多反映生活与生活享受的陶塑,都以完美的艺术形式、生动逼真的神态,表现了当时陶塑的高超技艺。这一时期的建筑用陶也表现出艺术色彩,如秦咸阳宫的纹饰铺地青砖以及砌墙用的表面刻有龙纹等各种画像的空心砖、汉茂陵用的刻有玄武纹的条砖等都代表了这一时期的风尚。

西周初期,筒瓦和板瓦已经出现,随后瓦当问世,这就使建筑材料有了新的形式和内容。此后几千年,建筑大都是这一格局。陶制建筑材料如砖瓦在秦、汉有了更大的发展,"秦砖汉瓦"成为制陶艺术史上的佳话。

秦代至汉初,陶制品的地方特征比较明显。到西汉末期,制陶业面貌发生较大变化，形制、质地更加统一。釉陶技术得到推广，低温绿釉陶广泛流行，陶仓、陶灶、陶井、陶炉、陶猪圈等明器数量大大增加。

1. 秦代的陶器

秦朝的统治只有短短十几年，在中国历史上昙花一现。秦代标准特征的陶器，主要见于咸阳和临潼秦始皇陵区周边的秦俑坑和秦代墓葬。因此，多数出土的秦代陶器与战国晚期的陶器比较接近。

秦代日常生活所用陶器以泥质和砂质灰陶为多，也有少量红陶。不同种类的陶器在原料的处理和制作工艺上都有着很大区别，分别有泥质灰陶、泥质红陶、泥质黑陶、夹砂灰陶、夹砂红陶、泥质硬陶以及泥质软陶等类型。但墓葬所用明器，如鼎、敦、盘、匜等制作工艺通常比较粗陋低劣。

秦汉时期的制陶业分三种不同的性质，即朝廷直接控制的陶业作坊、地方经营的官府手工业和私人经营的制陶作坊。朝廷控制的陶业作坊生产的陶器和砖瓦上有"左司""右司""宫疆""宗正""都司空"等铭文，地方官府经营的陶器和砖瓦铭文有"咸阳成申""咸阳如倾"等。这些铭文的格式一般为"地名+工匠名"。私人制陶作坊生产的陶器和砖瓦上有"咸内里喜"等。由此可以看到，秦代制陶业有了明确的分工，制作工艺等各方面都比以前有了较大的发展。

为了方便大量烧制建筑用陶以及兵马俑之类的大型物件，这一时期的窑炉建设技术也得到了提高，窑室规模增大，普遍增加了一至三倍。窑炉所设烟囱多已移到后部。特别是出现了窑床前高后低的特殊设计，它是一项创造性变革，改善了窑室内温度不均的问题。

第六章 精雕细琢——规模化的秦汉雕塑

2. 汉代的陶器

汉代是中国陶器历史上的一个重要转折点。汉代的陶器，许多器型仿自青铜器，浑厚而饱满。器物表面施釉烧成温度约在950～1000℃之间，属于低温釉，所以现在一般见到的汉代陶器表面多出现有细微碎纹。到了汉代，我国北方的馒头窑被广泛接纳。南方也出现了比较成熟的龙窑，这些陶窑较之以前窑室增大，同时缩短了烧造的时间。汉代陶器的又一重大成就是低温铅釉陶的创造和发明，这为后来的低温釉的出现奠定了良好的基础。

明器专供死者的灵魂使用，它不是生者使用的用具，是汉人重视墓葬的表现。殉葬品力求丰富而精细，逐渐成为习俗。汉代陪葬品大量使用陶制品，所用器物的表面被广泛施釉，因此这种材质可历千年而不腐烂，此外还有少量石质品、金属制品、木质漆器。明器的品种除饮食所用的器皿外，还大量模拟人们平时的生活场景，加以微缩，如陶制的楼阁、兽圈、仓房、灶台、井台、车马、奴仆等，力图为死者营造一个虚幻的生活环境。其中的壶、盆、尊、罐之类的器皿，一般都在素坯之外敷设一层粉彩，由于没有与胎体烧结，稍摩擦便很容易脱落。明器中小型的生活场景模型，外表一般都施加有绿色低温铅釉，当时人们已了解到这种铅釉有毒，所以在日常生活中并不使用。由于汉代对陵墓的重视，因而出现了另一种特殊建材——圹砖。圹就是墓穴的意思，圹砖内部为空心，体积较大，外表饰有图案。砖面图案是用模具拓印而成的，这是后世陶瓷表面印花工艺的雏形。这种空心圹砖上刻绘有各种图案，也叫画像砖。此外，在汉代陶器中，瓦当的艺术成就非常突出。

汉代建筑用陶的烧制技术有了很大提高，完成了由印纹硬陶、原始瓷向瓷器逐渐演变的过程，使我国陶器进入了一个新的时期。

汉代创烧的低温铅釉陶器是我国陶瓷工艺中一项杰出成就，它的发明为后期创烧各种色彩的陶瓷奠定了扎实的基础。据有关资料表明，这种低温铅釉陶器首先在陕西关中地区发现，大约到汉宣帝以后，这种技术才开始有了比较快的发展，在河南地区有不少发现。东汉时期，这种低温铅釉陶器技术开始广泛流行，西至甘肃，北达河北，东及山东，南抵湖南、江西等地。

汉代的低温铅釉陶器不仅有着美丽的颜色，而且其釉层晶莹剔透，釉面光泽亮丽，工艺严谨，十分可人。但是在众多汉代的墓址中发现的各类低温铅釉陶器均为明器，至今未见日常使用的器物，这极可能与这类器物是低温烧制的有关。汉代的低温铅釉陶器除了鼎、盒、壶、仓、灶、井和家畜圈台外，还有楼阁、池塘、碉楼等各类明器。因为出土的低温铅釉陶器表面有一层银白色金属光泽的物质，所以又被称为银釉。

人们对于银釉成因的解释众说纷纭。有人认为这是由于棺中的朱红变成水银黏附在陶器表面，也有人认为是由于铅绿釉中的铅粉以金属铅的形式在釉面上渗出所致。日本一位学者认为这种釉类似云母，由于硅酸盐玻璃的釉发生变化而使之具有与云母相似的物理性质。中国科学院上海硅酸盐研究所的专家认为，银釉是铅绿釉表面的一层半透明衣罩，如用刀片在釉面上轻轻一刮，这层银釉就会被刮下，而衣下仍是铅绿釉。他们在显微镜下发现这一层衣呈层状结构，与云母结构十分相似，其层次多少不同，少者仅几层，多者可达二十多层，每层的厚度仅约3微米。X射线和岩相分析表明，层衣为非晶态均质体。在化学组成方面它含有与基底铅绿釉基

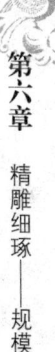

本相同的化学元素。为此，这类银釉现象一般都在比较潮湿的墓葬中才能出现，而在比较干燥的地方很少发现这类银釉的陶器。实际上这层衣是一层沉积物，当铅绿釉处于潮湿的环境中时，由于水和大气的作用，釉面受到轻微溶蚀，而溶蚀下来的物质连同水中原有的可溶性盐类在一定条件下会从铅绿釉层表面和纹缝中渗出。但这层沉积物与釉面的结合并不十分紧密，所以水分仍可进入两者之间的空隙中，并继续对釉面进行溶蚀，一段时间后，它又重新渗出一层新的沉积物。如此反复，层次便逐渐增多，当达到一定厚度时，由于光线的干涉作用，就产生了银色的光泽。

铅釉是我国劳动人民创造出来的，正如陶器的发明一样。陶器不是由某一个地方的人首先发明而后再传往世界的，而是各地人民在长期的生活实践中各自独立创造出来的。凡是有人类居住的地方，具备原料和燃料这些必要的条件，差不多都会制作陶器，应该说铅釉的发明创造也是这样的道理。低温铅釉陶器的发明和推广是汉代劳动人民的重大贡献。由于铅釉的折射指数比较高，高温黏度比较小，流动性比较大，熔融温度范围又比较宽，其溶蚀性又比较强，因而可避免石灰釉和石灰碱釉中常见的"橘皮""针眼"等缺陷。同时釉层中无气泡和残余晶体的存在会使釉层透明晶亮、平整光滑、富有装饰感。正是有了这些创新和发明，才有了唐代绚丽多彩的三彩陶器的出现。唐代工匠在铅釉中加入少量含钴或含锰的矿物质，生成了蓝和紫等不同颜色的低温釉，又烧制出唐三彩陶器，书写了我国陶瓷史上新的一章。

兵马俑：中华文明的奇迹

秦始皇陵兵马俑是世界考古史上的伟大发现之一，被誉为"世界第八大奇迹"。

数以千计的大型陶俑，不仅在宏大的气势上给人深刻印象，而且还在人物形象的刻画上达到了中国古代雕塑的一个高峰，表现出极高的写实技巧。秦代的制陶工匠和雕塑工匠用以模为主、塑模结合、分件制作、逐步套合和入窑烧制、出窑彩绘的方法，烧制出这些大型的陶俑和陶马。陶俑的头部大都是合模制作的，俑腿和俑身采用模制或泥条盘成的方法，臂和手用模制或手制。对各个细部的制作，则运用了塑、模、捏、堆、贴、刻、画等方法，逐个进行雕塑。所以陶俑的人物姿态相近，面貌却不同。同样是士卒，有的面带微笑，看上去沉着老练；有的单纯活泼，好像还带有几分稚气；有的意气高昂；有的凝神专注。

这些陶俑个个身形威武，比例匀称，一般高约1.8米，最矮的也有1.75米，高的则达2米。有将军俑、骑兵俑、步兵俑、弓弩俑等，几乎包括了

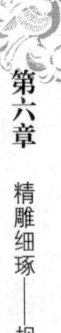

第六章　精雕细琢——规模化的秦汉雕塑

各个等级和兵种的军人。其装束也因各人身份等级不同而有所不同，并且体现出因地域不同而形成的面貌上的细微差别。这些陶俑有二十多种不同的脸型，一百多种不同的神情，如同活生生、训练有素、纪律严明、行将出征或是接受检阅的武装部队。同时，这些陶俑又都融于庞大雄壮的气势之中，呈现出高度的统一感。

秦俑的雕塑风格具有很强的写实性。铠甲的坚硬质感、战袍的柔软光滑、衣服的褶皱线条清晰流畅，甚至那铠甲上最小甲钉的钉盖、钉孔都一一俱全，武士俑的头发胡子也都丝丝可见，就连某些陶俑鞋底上的针脚线也是疏密有致的，给人以栩栩如生、呼之欲出的感觉。

在众多陶俑中，最精彩的是跪射武士俑。秦始皇陵兵马俑中兵种繁多、等级分明、阵容整齐，体现了秦朝军队编制的严谨和武力的强大，仅士兵俑就包括了骑兵俑、步兵俑和射手俑等。跪射武士俑是射手俑中的典型代表。

跪射武士俑约高1.3米，呈跪射姿势。他身披铠甲，右膝着地，左膝弯曲下蹲，右手握弓，左手向右作扶持姿势。这种士兵俑束发并挽成偏斜的发髻，面目清晰，表情严肃。整个陶俑身体结构匀称、动作自然，充满了内在的动力，体现出随时准备加入战斗的状态。

兵马俑分步兵俑和骑兵俑两个主要兵种，每个兵种又有士兵、军官和将军的区别。秦俑中的将军俑身材高大，约高1.9米，头戴燕尾长冠，身披战袍，胸前覆有铠甲，双手相握置于腹前。其双目炯炯有神，神态刚毅自然，沉稳平静，表现出身经百战、临危不惧的大将风度和信心，是当时秦朝威震四海的强大军队中上层武官的真实写照。

秦俑中的鞍马骑兵俑出土于秦兵马俑二号坑，马身长约2米，高约1.5

米。马背上雕有鞍鞯,马头上戴有络头、衔、缰,骏马肌肉结实,壮健有力。骑兵俑身高1.8米,立于马前,一手牵拉马缰,一手作提弓状,看起来沉稳老练、意志刚强。为了适应作战的具体需要,作为秦代重要作战力量的骑兵有一套不同于车兵和步兵的专门服饰,如头戴圆形小帽,上衣短小,下着长裤,这些特征在骑兵俑身上得到很好的反映。骑兵俑的铠甲比步兵和车兵的短,长度仅及腰际,双肩无护肩甲,这样便于骑马和操持弓弩。

在秦代,牵引战车和骑兵都需要马匹,彪悍的骏马在秦国剿灭群雄的战争中曾发挥了极其重要的作用。据说,当时秦朝的战马在飞奔中一步可以跨出两丈多远。秦兵马俑坑中出土的陶马就是这种形体俊美健壮、善于奔跑、勇于冲锋陷阵的战马形象。

陶马高约1.5~1.7米,肢体矫健、两耳上耸、鬃毛分披、精神抖擞、神态警觉。这些陶马的身体比例都十分匀称,轮廓优美,肌肉富于弹性,骨骼和肌肉都有非常细腻的起伏变化。其中马的头部虽然只被概括为几个大的块面,但表情丰富,耳、鼻、口、目都刻画得十分逼真。战马的头部是向上抬起的,双目圆睁,鼻孔翕张,微微张开的嘴似乎正在发出嘶鸣。它们好像正处于警觉的战备状态之中,体内积蓄着无穷的力量,一旦听到号令,就会立即腾跃而起,冲向敌营。

这些陶马和数千个整装待发的陶俑将士们一样,都蕴含了昂扬奋发的战斗热情和充沛的精力,这正是秦王朝强盛时期的真实写照,也充分显示出秦代雕塑家的高超技术。

除了大量兵马俑以外,俑坑中还出土了秦代军队实战用的青铜兵器数万件,种类有剑、铍、戈、矛、弩等多种,洋洋大观,称得上是一座秦代

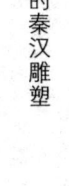

第六章 精雕细琢——规模化的秦汉雕塑

"精兵所聚"的武器库。

秦兵马俑及秦始皇陵是秦王朝政治、文化、宗教及丧葬礼仪制度的重要体现,同时也凸显了中华文明与秦兵马俑的核心价值。秦兵马俑在中华文明发展史上有重要地位,它是中华文明发展史上一座重要里程碑。

两汉陶塑

与秦陵的兵马俑相比,汉代的陶俑无疑是充满亲和力的。此时的陶塑,更多的是表现现实生活中人与社会关系的写实风格的作品。如:有提壶、持瓶、扫地、献食的勤杂俑和庖厨俑,有持锸、执箕、握铲、扛犁的农夫俑,有表演杂技、歌舞、说唱和演奏的乐舞杂技俑,有牛、马、犬、猪、鸡、鸭的动物俑。此外,还有反映农业生产设施的水田、水库、鱼池、灌溉渠、仓廪、磨坊、风车、陂池等,反映农业生产场面的犁田、耕耘、施肥、收割、打场等场景,造型生动有趣、质朴可爱。

汉代的陶塑手法有捏塑、圆雕、浅浮雕、模印等,其注重神似,线条简练而夸张,不乏谐趣,对生活场景有极强的概括力。

西汉初期的陶塑以西安任家坡和咸阳杨家湾出土的彩绘侍女俑和骑

马俑最有观赏价值。任家坡的侍女俑，其人体各部位的比例匀称，体态端庄，衣着的形制、色彩都如实模制。其中女侍立俑身穿三重衣，外衣为红褐色长襦，内衣深红，中衣浅红，曲领露出衣外，领口、衣袖用白色衣料镶边，脚穿方口履，为后人研究汉代服饰提供了参照。

西汉中后期，陶塑艺术出现了新的风貌。塑造人物注重整体感，取大势，去繁缛，常用概括的表现手法。1969年，济南无影山出土了由22个陶塑组成的乐舞杂技宴饮俑群，其中有舞俑、杂技俑和宴饮贵族俑。着力表现的是各自特有的剪影式的基本特征与造型，舞蹈者的舞姿，杂技演员表演拿大顶和折腰柔术中最惊险、最精彩的一刹那，伴奏演员紧锣密鼓地演奏瑟、钟、鼓等的神态等。在稚拙简朴中透露出一种豪放的美。特别是在场景布局中，制作者把表演杂技和舞蹈的艺人，布置在突出的中心位置，宴饮的贵族和其他观赏者退居到陪衬的地位，这突出了表演者的艺术形象。

东汉陶塑继承和发展了西汉前期的写实风格，人物俑除了文官俑、武士俑和歌舞杂技俑外，还出现了不少劳动人民的形象。如广东佛山出土的水田附船陶塑，田被田埂分成六块。农夫有的戴着斗笠扶犁犁田，有的手持秧苗弯身插秧，有的扬手施肥，有的执镰收割，有的打谷脱粒。田里的秧苗、肥堆、禾堆等一一毕现，生动地再现了汉代农业劳动的场景。四川绵阳出土的水田模型，则再现了劳动雇佣关系，长袍拱袖、圆脸的地主立在田里，另外四个短衣赤足的雇佣农夫或叉手恭立听候指挥，或肩负手提紧张地劳动着。汉代长安民谣"城中好高髻，四方高一尺。城中好大眉，四方且半额。城中好广袖，四方全匹帛"所吟唱的女性形象，在陶塑中也能看到。成都天回山出土的女舞俑造型为头梳高髻，面部略成方形，广眉薄唇。广州出土的女舞俑也是三丫髻、插笄七枚、广袖长裙。

此外，东汉陶塑还继承和发展了西汉寓巧于拙、雄壮豪放的艺术风格。人物塑造不求形体的逼真和细节的雕琢，而是从总体上把握神韵，通过轮廓剪影式的雕画来表现气氛和动态。故宫博物院所藏汉代女侍俑，没有对其面部表情作细致雕画，也没有对其衣饰做更多加工，雕刀所着力表现的仅限面部轮廓及袖手恭立的身姿，只寥寥几刀就把一位温柔、聪颖又愁眉不展的侍女形象生动地展现在了观者的眼前。

总之，汉代尤其是东汉时期的俑像生动地反映了当时的社会政治经济面貌。朴拙的风格、奔放的气势构成它独特的艺术魅力，在艺术史上谱写了光辉的一页。

生动多彩的汉代说唱俑

汉代说唱俑在中国陶塑史上是一个重要的转折点，它起着承上启下的作用。从创作手法上讲，秦朝时期的陶塑主要以雄伟壮阔、写实逼真为主要特征。汉代说唱俑等陶塑主要体现的是一种夸张写意之美，如1957年四川成都天回山汉墓出土的击鼓说唱俑（现存中国国家博物馆），俑通高

0.55米，以泥质灰陶制成，俑身上原有彩绘，现已脱落。

说唱俑是一种古代滑稽戏的俳优造型，二者之间有着相当紧密的联系。两汉时期，说唱表演已在民间十分盛行。当时人们将说唱艺人称为"俳优"。《汉书·司马相如传》颜师古注："俳优侏儒，倡乐狎玩者也。"俳优在表演艺术方面主要有以下两个特点，一体现在诙谐风趣、引人发笑的语言上，二体现在善于模仿、扮演各种人物的表演形式上。他们的表演形式是谈笑，或击鼓歌唱。表演特征是诙谐幽默、滑稽逗乐，类似今天的相声、滑稽戏。出土的说唱俑造型夸张、赤膊大腹、挤眉弄眼，有的敲击小鼓，有的手拍大腹，神情憨态可掬，却又透着灵性，讨人喜欢。汉代社会流行"事死如事生"观念，官僚贵族们在死后也念念不忘将这些艺人的形象制成陶俑，让他们陪伴在自己身边，仍然像生前一样替自己排忧解闷。

说唱俑反映了我国说唱艺术的萌芽，它从一开始就具有娱乐的功能，这有别于音乐舞蹈。四川出土的汉代说唱俑，被学术界公认为是中国早期说唱艺人的典型。

说唱俑当中有一种俑叫作说书俑。他们衣着整齐，跽坐端庄，小鼓放在面前，一手握槌击鼓，一手拍击鼓面，扬头张嘴，边说边唱，生动地展示了汉代说唱艺人的风貌。

东汉说唱俑是我国古代陶塑史上的一朵奇葩，它以独特的造型和粗犷的美，受到人们的喜爱，是属于人民大众的艺术。说唱俑对后世的陶塑及其他工艺品的制造有重要的影响，应予以重视和保护。

扩展阅读 秦汉时期的木雕

秦汉时期木雕工艺趋于成熟,绘画、雕刻技术精致完美。施彩木雕的出现,标志着古代木雕工艺已达到相当高的水平。秦汉木雕工艺在承袭春秋战国木雕工艺发展的基础上,又有了较大的发展和提高。如果说伴随着春秋战国时期漆工艺的发展而产生的立体圆雕工艺,只是一种初步形式的话(因当时立体圆雕的木制品只注重形式,外部还要进行漆加工、彩绘等装饰),那么到了汉代,就发展为既有造型艺术的美,又在工艺技法表现上初步形成了独特的艺术风格。

从汉墓出土的动物木雕作品中,更可以了解到汉代木雕工艺发展的水平。动物木雕有牛、羊、马、狗、猪、鸡、鸭等,这些动物造型生动,身长分别在14至55厘米之间,都是以分部制作粘合而成的办法雕制的。动物是由头、身、足三部分组成,但三个部分的尺寸大小不可能一样。根据这种特定形式用整木雕制是汉代木雕工艺的一大创新,为木雕工艺创作出品类繁多的艺术品提供了有益的经验,这是木雕工艺发展史上的一个重大创举。另外,也有车、马、船、耳环等木雕作品。

第七章

乐舞百戏——中国戏曲艺术的雏形

秦汉立国，纵横数千里，上下四百多年，中华文明进入一个新的历史时期。戏剧也从原始阶段跨入了体现艺术价值和实现娱乐功能的初级阶段。与古希腊和古印度不同，中国未从祭祀仪式中直接转换出成熟的戏剧样式，祭祀仪式和戏剧二者之间还要经过一个漫长的过程。秦汉百戏，则是戏剧雏形的显现。

汉乐府的建立

秦始皇征服六国，统一了中国，结束了战国时期分裂割据的局面。此后秦始皇为了满足自己的欲望，把从六国掠来的美女、钟鼓藏在宫中，当时宫女乐人达万人以上。但他并不满足，又征发七十万人建造阿房宫。《说苑》卷二十载："关中离宫三百所，关外四百所，皆有钟磬帷帐、妇女倡优……锦绣文彩，满府有余，妇女倡优，数巨万人，钟鼓之乐，流漫无穷……"

刘邦灭秦后，建立了西汉王朝。乐府是汉朝一个管理音乐的官署。以前人们普遍认为乐府始于西汉初期，1976年在秦始皇墓附近出土了一枚带有"乐府"字样的秦钟，由此可以证明，秦已设立乐府。但由于久经战乱，国家凋敝，汉初期的乐府没有很大的发展。汉王朝经过六十多年的"无为而治，与民休息"的经济政策，到汉武帝时已是国势日盛了。公元前112年，汉武帝下令将乐府进行改组扩建，扩建后的机构设在长安西郊专供帝王游乐的上林苑里。为了完善乐府的扩建工作，汉武帝下令举国上下设立收集民间音乐的机关,并在都城长安招收全国各地出色的民间艺人。

汉代乐府的主要任务是搜集民歌、创作新声、填写歌词、改编曲调、编配演唱、演奏音曲、训练乐工及研究音乐理论等,以供宫廷中的帝王将相们观赏享用。从各方面来说,汉武帝时的乐府规模都已经大大地超过了秦朝乐府。

据《汉书·艺文志》记载,当时收集民歌的地区大致北起代郡、雁门、云中、河间,南到吴楚、汝南,西至陇西、秦中,东达齐鲁,中原地区则有邯郸、淮南、洛阳等。这些民歌在班固的《汉书·艺文志》中保存有130多首,另各属有"周谣歌诗声曲折"及"河南周歌声曲折"70多篇,总计280余篇。这也许是经过整理、选择、删编,并正式入乐的民歌。这些保留在《汉书·艺文志》中的民歌,可能跟当时流行民歌中的"九牛一毛"。由于种种原因,很大一部分没有被保存下来。汉代乐府歌曲大都是郊祀歌、房中乐等,是宫廷特制的歌词,其他属于宴乐性质的歌曲也大都是沿用民歌原词加工整理改编而成的,形式比较自由,多使用二、三、四、五、六、七言的句式,如《上邪》便是如此。

上邪,我欲与君相知,长命无绝衰。山无陵,江水为竭。冬雷震震,夏雨雪。天地合,乃敢与君绝。

当时乐府的管理者是李延年。"以李延年为协律都尉、多举司马相如等数十人造为诗赋,略论律吕,以合八音之调,作十九章之歌"(见《汉书·礼乐志》)。据史书记载,当时整个乐府的工作人员有八百多人。

汉武帝设立乐府的动机是为自己享乐,但他的这一举动,以及对民间音乐的集中改编、加工、继承,促进了中华民族传统音乐范围的扩大,并

对以后千百年来的音乐发展有着很大的影响，故历代凡是因模仿乐府形式体裁而创作的音乐、文学作品，便称之为乐府。

汉成帝绥和二年（公元前7年），乐府被撤销。由于当时阶级矛盾的尖锐，豪强地主大量兼并土地，农民流离失所，社会经济迅速衰退，统治者已无力维持这种庞大的音乐机构。同时，政权也开始动摇，统治者对蓬勃发展的民间音乐感到害怕。汉哀帝于建平元年（公元前6年）下令将原有的八百多乐工裁去一半，剩下的则归属到管理祭祀典礼的太乐署领导，而这些人中的绝大多数是演唱雅乐的。

汉初乐府的设置和后来汉武帝对乐府进行的改组，对我国统一的多民族的音乐文化的发展起到了积极的作用。

开放的汉舞文化

春秋末期，孔子经常痛心疾首地慨叹礼崩乐坏，实际那时（甚至在以后好长时期内）王室乐舞仍为六代雅乐所统治。各诸侯国君主有时虽尝试演奏郑卫新乐，但要遮遮掩掩，在宰臣和史官面前直不起腰。孔子所谓的礼崩乐坏，主要是指诸侯在乐舞方面的僭越行为，即演奏了按规定只准许天子演奏的雅乐，或者多用了舞人。那时，宫廷乐舞一直和"礼"紧紧地捆在一起。直到汉初，用于郊庙的《文始》《五行》诸舞，都是由六代雅舞改编而成的。

西汉时期特别是汉武帝时期，舞蹈有了重大发展，究其原因，大致有三点：

一是楚舞的兴盛对传统雅舞有所冲击。鲁迅《汉文学史纲要》说："楚汉之际，诗教已熄，民间多乐楚声，刘邦以一亭长登帝位，其风遂亦被宫掖。盖秦灭六国，四方怨恨，而楚尤发愤，誓虽三户必亡秦，于是江湖激昂之士，遂以楚声为尚。"整个两汉，楚声均行而不歇，除著名的《大风歌》《鸿鹄歌》人皆知为楚声外，如武帝的《秋风辞》，昭帝的《黄鹄歌》《赵幽王友歌》《燕刺王旦歌》《华容夫人歌》，李陵的《别歌》等都是楚声。在歌与舞紧密结合的汉代，楚舞必然伴随着楚声一起流行，甚至比楚声的影响更大、更深远。楚舞几乎笼盖了整个两汉时期，但这一点至今未得到多数人的认可。

二是向外域开放，使内地舞蹈发生了一些变化。舞蹈面貌发生变化主要在汉武帝时代。汉武帝刘彻在政治、经济、文化各方面，都采取一种开放的态度。他为了打通到中亚的通道，几次派张骞出使西域，到了大宛、康居、大月氏、大夏等国，和缅甸、印度、朝鲜、日本也进行了贸易。这样一来，异域的风吹进了中原大地，使汉代舞蹈的视野放得更开，不局限于自身的小天地。不但收纳了外域的题材和乐舞形式，而且以一种追求的精神，表现出对异域的向往和探索。像《西京赋》中"怪兽陆梁，大雀踆踆""含利化车"等，就是由人戴上特制的外壳化装成各种奇禽异兽作舞。1954年出土的沂南画像石，对这些内容作了形象的印证。很明显，这

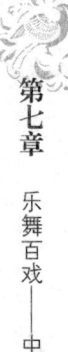

类动物是和外国进贡的陈列在建章宫奇华殿里的巨象、天雀、狮子等有密切的关系。

从音乐方面看，舞曲和以前的传统音乐已有很大的不同了。汉武帝时出现了不少前所未有的新乐器，如笛子，据说是武帝时乐工丘仲所制，实际是从西羌传来的；箜篌，据说是武帝时乐工侯调首创；琵琶，据说是为了送江都公主远嫁乌孙国，让乐工改造筝而成的，传说毕竟是传说，这些乐器实际上是从中亚传入的。新乐器的传入，改变了乐队的结构，也改变了音乐的旋律和情调，这必然会使舞蹈的形式和节奏发生变化。李延年以张骞从西域带回来的《摩诃兜勒》为主旋律，略作变奏，创作了新声二十八解，用于横吹，在当时影响很大，后逐渐浸入舞曲中。

三是俗乐的地位上升，给宫廷乐舞带来了新的生命力。汉武帝给民间俗乐以合法的地位，在朝廷设立乐府，专门管理俗乐，从赵、代、秦、楚、燕、齐、郑、吴等地采集民间歌舞以供表演。

由于这样一些原因，使得汉代成为我国舞蹈发展的第一个高峰时期。唐代又成为我国舞蹈发展的第二个高峰。有了这两座舞蹈高峰，使我国整个古代舞蹈史显出迷人的光辉，在世界舞蹈艺术的舞台上获得了重要的地位。

场面壮观的百戏歌舞

百戏属于戏剧发展的雏形阶段，是汉朝对表演艺术的统称，包括音乐、舞蹈、杂技、魔术、角抵戏等。汉朝宫廷的各种庆典，以至民间节日庆典，都常常以百戏表演助兴。数百人乃至上千人同台演出，载歌载舞，形式热烈，场面壮观。西域胡风的渗入，赋予了百戏更加活跃的生命力。

百戏起源于民间，是由古老的社火、傩仪、巫舞等原始宗教仪典发展而来的。秦朝开始传入宫廷，后经汉武帝大力倡导，在汉朝盛极一时。

元封三年（公元前108年），汉武帝在皇家园林上林苑举办了一场规模庞大的百戏集演，周围三百里内的百姓都赶赴观看，一时万人空巷，成为当时京城的一大盛事。在汉武帝的倡导下，由宫廷乐府主持的百戏集演，每年举办一次，相沿成习，直至东汉。后来，百戏又成为朝廷接待外来宾客的重要表演项目。宫廷百戏集演的形式，很快影响到王公贵族，在府邸举办宴乐聚会，百戏是必不可少的。

来自汉朝民间的杂技艺术，受舞蹈的影响很大，演出的动作从单纯显示惊险奇特的技巧，逐渐演变到讲究节奏感和美感，并开始采用音乐和舞蹈作为陪衬，以渲染艺术氛围。汉朝杂技经常会在宫廷内表演，形式不断创新，技巧也不断提高。

来自罗马等地的魔术，也在百戏表演中大放异彩。吐火、跳丸等节目，以新奇惊险的技巧，使中原人大开眼界，成为百戏中不可缺少的节目。

汉朝民间流行一种以逗笑为主的说唱表演，一般是由两人相对说唱逗乐，形式与现代滑稽戏或相声相似，但配合击鼓演唱，语言和动作滑稽而夸张。说唱的表演者称"俳优"，身份低于歌舞乐伎。表演场地并不讲究，常在王公贵族府邸前的楼门口就地表演。此外，这种表演没有融入百戏中，而是具有独立的表演形式。虽然在宫廷中偶然也有演出，但尚未流行，属于难登大雅之堂的、仅供街巷平民百姓观赏的表演艺术。

汉朝有一种化装表演，以象征和写实结合的手法，利用竞技搏斗的动作表演故事情节，称"角抵戏"。这种表演的内容多以历史故事为主，如《二桃杀三士》《东王公与西王母》等。这种表演形式已具备了戏剧的基本要素。

汉朝社会经济繁荣、国力强盛，表演艺术发生重大变化，百戏的盛况体现了蓬勃向上的社会风貌。

角抵戏的出现

公元前221年，秦始皇统一中国，实行郡县制，开始了中央集权制的国家建设。在文字、度量衡、车轨、服饰上进行了统一规定，春秋战国时代散见于齐、鲁、燕、赵、韩、魏的角抵活动，也得到了集中发展。秦地原本崇尚角力竞技，此时吸收各国角抵的优长，正式使其成为一种娱乐性的杂技节目——角抵戏。

角抵又称角力，史书中介绍了宋闵公与臣下角力的情形。河南新密打虎亭东汉墓出土的壁画中，也有关于角抵的内容。其实角抵真正能够发展还是由于人们对黄帝的纪念。

中原大地上广泛流传着黄帝战蚩尤的故事。黄帝在当时是一个氏族部落的首领，与蚩尤之间的战争为他伟大的一生增添了浓墨重彩的一笔。蚩尤是另一个部落联盟的首领，管辖有81个小氏族，实力雄厚，而且相传蚩尤是兽身人首，能吃沙子、石头，会腾云驾雾，十分强悍。黄帝损失惨重，用了很多办法都无法制胜。后来黄帝联合多个部落，调兵遣将，历尽

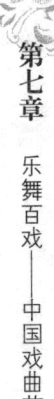

艰辛，终于获胜，并杀死了蚩尤。为了庆祝这次战争的胜利，黄帝组织了一个节目。为模拟战争场面，有的士兵装扮成蚩尤的样子，戴上头上有角的假面具，两两相抵，场面十分热闹。为了纪念黄帝，每逢喜庆日子，人们便使用这种形式庆祝。年复一年，这种游戏逐渐流传开来，特别是在古冀州一带更为流行。

在当时不管是军队还是庙堂祭祀都有角抵的影子。南朝的任昉在《述异记》中写道，冀州有种娱乐节目，名叫蚩尤戏，那里的人们三三两两，头上戴着牛角相互抵斗……由此可见蚩尤戏的盛行。

《文献通考》说："秦始皇既并天下，分为三十六郡，郡置材官，聚天下兵器于咸阳。铸为钟镣，讲武之礼，罢为角抵。"

《汉书·刑法志》说："春秋之后，灭弱吞小，并为战国。稍增讲武之礼，以为戏乐，用相夸视；而秦更名角抵，先王之礼没于淫乐中矣。"

湖北江陵凤凰山秦墓出土的木篦背上，绘有二人角抵、一人观看的画像。画中人物为头束发髻，着短袂，长带系腰，打结于腰后的形象。此种装束流传至宋，至今日本相扑仍有此遗风。这种角抵可能是秦原本有的，后来集中六国技艺，就变得丰富多彩，故而称"戏"。而且早在公元前207年，宫廷就已将杂技类的角抵与歌舞、滑稽集中表演。《史记·李斯列传》记载李斯因公务求见秦二世，胡亥却耽于娱乐而无暇接见之事，"二世在甘泉，方作觳抵俳优之观"。

杂技史学素来极为重视这段记载，认为它意义重大，在《中国杂技史》中认为这段记载的意义在于：

第一，它标志杂技已成为表演艺术，虽然从上古到战国，杂技都时有表演，但系统化、完整的、艺术性更强的表演，却出现在此时。

第二，角抵和俳优包括了当时宫廷的一切表演艺术，而且角抵在前，可见对杂技的重视。

第三，汉、晋、隋、唐、宋各朝都有杂技盛会和百戏杂陈的习俗，这种习俗是由秦开始的，这对杂技的提高发展，有着巨大的推动作用。

第四，由《史记》的描述估计，当时角抵节目已相当多，唯其如此才能使秦二世沉湎其间，迷不知返。秦二世为了观赏角抵俳优节目，竟至不见朝臣，自然是荒唐行为。但这个行为却从另一面说明角抵、杂技在秦代已经达到了相当高的艺术水平。

举鼎

举鼎，又被称为扛鼎，跟现代举重运动有相似之处。举鼎在公元前306年已被纳入秦国的游戏范围。秦汉之际的"乌获扛鼎"由此而来。而实际上，它的发展可以向前追溯。据史料记载，孔子的父亲叔梁纥，以臂力过人闻名，他曾用双手托住城门的千斤闸，可见其力气之大。而同时期的狄虒弥和秦堇父也名噪一时。狄虒弥能把大车的轮子舞起来，而且花样繁多；秦堇父能蹬着从城楼上悬下的布索登城。叔梁纥举重、狄虒弥舞轮、秦堇父用布索登城，分别是"扛鼎""舞轮""缘绳"的雏形。当时人们崇尚力量，而且杂技项目太少，这就为举鼎这一杂技种类的出现提供了有利的条件。据说孔子不但儒雅博学，同时也力能托关，可以将国门举起。举鼎不但需要表演者力气强大，而且需要一些技巧，它是很多杂技种类的雏形。

初步形成的傀儡戏

汉代的傀儡戏形成于战国时期，最早是以木偶人的形式出现，是一种源于古代驱逐疫鬼的音乐舞蹈形式。到了汉代，因受百戏中人物表演的影响，傀儡戏的表演形式也发生了很大的变化。主要是角色不再用木偶人来表演，而是用真人完成，这使得傀儡戏的表演更趋复杂，对人物的语言、形体的要求很高。由于舞者的扮相十分夸张，因此化装也很复杂。与百戏不同的是汉代的傀儡戏始终为统治阶级所有，是统治阶级专门用以宣扬封建迷信和供其娱乐的艺术形式之一。

关于傀儡的起源，有人以为是从俑发展演变而来的。在汉代，傀儡和俑都可以称为"偶人"。山东莱西县岱墅西汉中期二号墓出土的木偶人，已具备今天提线傀儡的基本结构。主要关节都能活动，可以立、坐、跪。从汉代墓葬发现的木俑（木偶人）来看，凡歌舞俑、女侍俑雕刻均相当精细，毛发耳目口鼻皆具，并且身穿纨绨。由此可以推知，这具出土的木偶人原先也应身着纨绔。至于系上提线是否能够完成跳跃动作，则难于断定，但至少已经和《礼记·檀弓下》郑玄所注"有面目机关，有似生人"的俑相似。这就为傀儡起源于俑的说法提供了有力的证据。

根据文献记载，汉代的傀儡还只限于表演舞蹈。秦汉时期人们在丧葬时，就有了演奏歌舞的习俗。《汉书·周勃传》记载，周勃先时"常以吹箫给丧事"。颜师古注云："吹箫以乐丧宾，若乐人也。"《盐铁论·散不足》也说："今俗因人之丧以求酒肉，幸与小坐而责辨，歌舞俳优，连笑伎戏。"而傀儡便是一种"丧家之乐"。既然傀儡起源于随葬木俑，丧葬期间用傀儡来表演舞蹈以乐丧宾，也是顺理成章之事。后来，随着木偶制作技术和表演艺术水平的不断提高，这种乐舞形式广泛得到人们的喜爱，以至京师一带宾婚嘉会上也有这种木偶人演出。

汉代时作为"丧家之乐"的傀儡，推测并不用来入葬。虽然汉代墓葬出土的木俑为数不少，但如莱西市岱墅二号墓所出土的关节能活动的木偶人，迄今也只有这一例。这具木偶人从制作看还比较粗糙，尚不能达到用来表演舞蹈的要求。因此还不是用于表演的木偶人，而只是一件制作较为精致的随葬木俑。当然，作为"丧家之乐"的傀儡戏，在汉代只流行了较短的一段时间，在傀儡艺术的发展史上，主要还是作为百戏杂技的一种表演形式而存在的。后来，随着其表演形式的逐步完善和艺术水平的提高，傀儡艺术逐渐走上了独立发展的道路。

汉代傀儡戏的兴起，标志着我国戏剧艺术的初步形成。它们对后来的中国戏剧和戏曲起到了重要的作用。

汉代的鼓吹乐

鼓吹乐是西汉初年出现的一种新型乐器合奏形式。最初的鼓吹乐兴起于北方,相传是秦朝末年流亡在西北一带的班壹在总结北方游牧民族的音乐之后,所创建的一种以吹奏乐和打击乐为主的音乐形式。这种音乐形式兴起之时,正值秦末汉初,北方匈奴不断侵扰北部边境,后来汉朝在北方边疆增设重兵守卫,加之连年的来往征战,汉边疆戍军就将这种吹奏和打击的音乐纳入军乐中,形成了如铙歌、箛歌之类的乐曲以壮军威,后来鼓吹乐渐渐传入中原,成为汉音乐文化的一部分。鼓吹乐进入汉音乐文化之后,在得到统治阶级充分利用的同时,也同样被广大人民群众所接受,并成为大众喜闻乐见的一种艺术形式。与宫廷鼓吹乐所不同的是,民间鼓吹乐的内容十分生动、形式自由,而宫廷鼓吹乐则在内容和形式上有相当严格的规定及形式分类,在什么样的场合就规定用什么样的鼓吹乐,而且其编制和名称也有不同,其分类如下:

黄门鼓吹——专门在皇宫内演奏的一种形式,即当皇帝宴请群臣时表演的音乐。在演出时,乐队列于殿堂两侧。主要乐器有筘、箫等。

骑吹——主要用于军队或列队行进中所奏的音乐,属于进行曲性质,由军中仪仗队来演奏。主要乐器有筘、鼓和角等。

横吹——用于军队行进中骑兵部队,它实际上是最早的鼓吹乐,即北方游牧民族在马上演奏的音乐。主要乐器有横笛、鼓、角等,后来又加入了管和排箫。

短箫铙歌——主要用于在祀庙进行的大型仪式中和军队获胜凯旋时。它也属于在马上演奏的一种军乐,但与当时其他形式不同的是它除了同样使用鼓、铙等打击乐器之外,还使用了大量的旋律乐器,如排箫、笛、筘等,因此音乐性较强。

汉代的鼓吹乐在表演中一般都有歌词,是可以拿来演出并进行演唱的。但在上述四种鼓吹乐形式中,以鼓吹乐和横吹乐中带词演唱的居多,而骑吹和铙歌则更注重器乐表演,虽有唱词,但相对要少得多。

汉代鼓吹乐的出现和兴起,对后世我国宫廷和民间乐队的发展起到重要作用,由于它始终在宫廷和民间并行发展,促进了它自身艺术形式的不断完善。在后来许多民间乐队形式中,都保留了它的影子。由此可见,汉代鼓吹乐对我国音乐的发展有着深刻的影响。

第七章 乐舞百戏——中国戏曲艺术的雏形

秦汉歌舞艺术

秦汉时代,赫赫有名的帝王,如秦始皇、汉高祖、汉武帝等,都喜欢欣赏歌舞。

秦始皇征服六国以后,把从六国掠夺来的女乐集中到咸阳,有万人以上。汉武帝曾组织大规模的歌舞百戏,以招待各国使节,轰动了周围三百余里,引得老百姓聚集观看。汉武帝设立专门的乐舞管理机构"乐府","凡所典领倡优伎乐,盖有千人之多"。皇家如此,世家大族也不逊色。他们常常是"罗钟磬,舞郑女,作倡优,狗马驰逐",甚至有"与人主争女乐"的疯狂行为。就连那些一本正经的大儒,也多迷恋歌舞。马融是一世通儒,在其讲学的时候,"前授生徒,后列女乐"。

宫廷与世家大族歌舞活动的盛大与豪华,对汉代社会风气产生了很大的影响。王符《潜夫论》说汉朝民间的女子"多不修中馈,休其蚕织,而起学巫祝,鼓舞事神"。她们放弃了家务劳动和桑麻纺织,而去学跳舞当巫女。汉代民间歌舞十分热闹。张衡《南都赋》中描写了汉代上巳"祓禊（扶戏）"的情景。每年三月上巳日，官员民众都到河水里洗濯以祛灾求福。在这种节日里，男男女女都穿上漂亮衣服，骑马坐车来到河边，五颜六色的帐篷连成一片。男女青年都努力展示自己青春的魅力，寻找意中人。"齐僮唱兮列赵女，坐南歌兮起郑舞"，长袖翩跹，满场飘舞。绸巾高扬，如白鹤冲天。舞步轻盈，从容缠绵。尽情地唱，尽情地舞，人们都陶醉在一派迷人的春色中。

汉朝不论皇帝还是平民，似乎人人都会歌舞，并且随时都可舞蹈。这是一代风气，正史中多有记述。秦汉时期一些著名的帝王似乎都和舞蹈家有缘。秦始皇的生母是赵国善舞的"邯郸姬"，汉高祖宠爱的戚夫人，善为"翘袖折腰之舞"，汉武帝宠爱的李夫人妙丽善舞，汉成帝的皇后赵飞燕更是身轻如燕，能作"掌上舞"。

汉朝的皇帝也不乏歌舞能手。《史记·高祖本纪》载，汉高祖刘邦平定了英布的叛乱，凯旋时恰巧经过故乡沛县，于是举行盛大宴会招待父老乡亲。席间，酒酣耳热之际，刘邦击筑，引吭高歌："大风起兮云飞扬，威加四海兮归故乡，安得猛士兮守四方！"唱完，刘邦又跳起舞来，以至于"慷慨伤怀，泣数行下"，可见刘邦是以歌舞抒情的高手。

刘邦的子孙们也都擅长歌舞抒情。《汉书·武五子传》载有燕王刘旦想篡位，被人举报，预感末日来临，就在万载宫设宴，召集宾客群臣和妃妾。席间刘旦唱起歌来："归空城兮狗不吠，鸡不鸣，横术何广广兮，固知国中之无人。"华容夫人起身跳舞，并唱道："发纷纷兮寘渠，骨籍籍兮亡居。母求死子兮妻求死夫，裴回两渠间兮君子独安居！"座上的人都流下泪来。他们在恐惧、痛苦与绝望之中，也要以歌舞来宣泄情绪。

《后汉书·皇后纪》也记述了一场悲惨的皇家歌舞。东汉末年，董卓

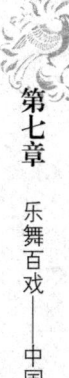

乱国，废少帝为弘农王，并强迫弘农王饮毒酒。弘农王不得已，"乃与妻唐姬及宫人饮晏别。酒行，王悲歌曰：'天道易兮我何艰！弃万乘兮退守蕃。逆臣见迫兮命不延，逝将去汝兮适幽玄！'因令唐姬起舞，姬抗袖而歌曰：'皇天崩兮后土颓，身为帝兮命夭摧。死生路异兮从此乖，奈我茕独兮心中哀！'因泣下呜咽，坐者皆嘘唏。"

从这些史料记述中可以知道即兴歌舞以抒情，乃是汉代皇室子孙们的特长。正因为跳舞是汉代皇家的普遍修养，所以有的皇帝才养成跳舞的癖好。

汉代的士大夫们善于即兴抒情歌舞的也不少。苏武出使匈奴，数年后匈奴与汉朝和亲，李陵置酒送别苏武。"陵起舞，歌曰：'径万里兮度沙幕，为君将兮奋匈奴。路穷绝兮矢刃摧，士众灭兮名已聩。老母已死，虽报恩将安归！'陵泣下数行，因与武决。"

当然，歌舞主要还是出现在欢乐的场合。汉代宫廷宴会上的舞蹈是非常尽兴的，有时甚至十分放肆。《汉书》曾记载有在一次宴会中，酒酣乐作，长信少府檀长卿出座舞蹈，竟模仿猴子和狗打架。

在汉人的酒宴中，除宾主即兴舞蹈表演，或观赏艺人的表演外，还流行相邀起舞的习俗。这种古老的具有中国特色的"交谊舞"，叫作"以舞相属"。这种"以舞相属"，既含娱乐性，又具礼节性。一人下场起舞，再邀请另一个人跳舞。被邀请者如果拒绝，那是非常失礼的，邀请者会认为大伤颜面。汉景帝时，外戚窦婴、灌夫和丞相田蚡有矛盾。有一次，田蚡邀灌夫一起到窦婴家，酒宴中灌夫起舞以属田蚡，田蚡故意不起，拒绝邀舞，气得灌夫大骂，引出了一场纷争。

总之，统治者的提倡，使歌舞得到普及，开创了两汉舞蹈艺术多姿多彩的新局面。

汉代最流行的舞蹈是"袖舞"。汉画像石的乐舞图上，很多舞蹈者都以长袖作舞，而且舞袖造型千姿百态。战国时已有"长袖善舞"的谚语。和长袖相联系的还有"细腰"。汉画像石上描画的舞蹈者的腰肢都很纤细，腰部的动作绰约多姿。舞袖与舞腰都是舞蹈技巧中很突出的技术，所以两者常常相提并论。如汉代崔骃《七依赋》说："表飞縠之长袖，舞细腰以抑扬。"汉画像石上对舞袖和舞腰的形象刻画得很生动。

和"袖舞"有联系的是"巾舞"。袖舞中有一种特长的双袖，还有一种在袖口接上长长的飘带，就发展成巾舞。挥巾而舞时，有的舞者双手各持一根短棍，舞动更加方便。成都羊子山出土的汉代乐舞百戏画像砖上刻画的就是这样。河南南阳汉画像石上有这样一个舞女，其身体向左侧倾，臀部以下留在右侧，舒巾而舞的两臂右高左低维持着身体的平衡，舞姿极其优美。

"鼓舞"是汉代舞蹈中技巧很高的一种，主要形式有"盘鼓舞"和"建鼓舞"。

张衡《舞赋》中描写有一种"历七盘而屣蹑"的舞蹈，也就是"盘鼓舞"。表演时，地上摆好了盘和鼓，舞者踏在鼓上或盘上从容起舞。飘舞的长袖，轻盈的步子，应着咚咚的鼓声，构成特殊的舞蹈节奏。盘和鼓的数量没有定规，有的以鼓为主，有的以盘为主。河南南阳汉画像石上有一幅乐舞图，画的正是"盘鼓舞"的表演。图中地上有两只鼓、四只盘，梳双髻的细腰舞人扬起长袖，弓步跃起，左脚正从鼓上跳起，右脚尖刚刚踏到盘上。

"建鼓"是用木柱穿着大鼓的腰部，下设支架，将鼓立起来，鼓的两

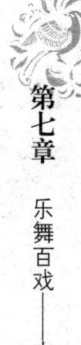

面左右向外。舞人在两旁各击鼓的一面,边击鼓边跳舞。建鼓在汉画像石描绘的百戏演出中,往往居于中心地位。山东曲阜东安汉里画像石上就刻着一幅幅生动的"建鼓舞"表演图。这种建鼓舞至今还可以在湘西苗族人跳鼓时看到。

惊险的高空节目

到了汉代,高空节目在原有的"侏儒扶卢"和"戴竿"项目的基础上又有了新的发展,出现了橦技、戏车和走绳等项目。

汉代的缘竿之技很盛行,根据文献和文物考证,缘竿基本有两种表演形式:一是在平地上表演,二是在车上表演。

平地表演的形式,文物中多有表现。在山东微山沟南出土的汉墓画像石上有一幅7人缘竿图。图中总共有5根竹竿,3根竖直放立且有平台,2根斜着联结那3根竹竿。7个人的动作姿势各不相同,有双手倒立的,有单手倒立的,有一手扶竿且身子下垂的,姿势各种各样,可见当时的高空表演已不限于一人一竿,更多的是多人多竿表演。在沂南石刻上,有载竿的橦技,一人将橦木放在额头上,然后把握好重心,使橦木在空中直立,橦的上部有一十字形的横木,竿顶有一个小盘。其中一个人用腹部伏在小盘上,下面十字架横部左右各有一个演员,做着倒挂金钩的杂技动作。

东汉的"杂技团"

沂南石刻《百戏图》是1954年在山东沂南县北寨村一座东汉古墓中发现的,它完整、具体、生动地介绍了整场东汉杂技演出的实况。

石刻壁画有60多幅,布满在墓室的门额、横枋、斗拱和柱础上。这些画面上50多名演出人员相互配合,构成了一个精神饱满、情绪热烈、有条不紊的整体。

开头便是汉代最流行的节目《跳剑》,一位鹤发的老艺人,正聚精会神地抛掷着四支短剑,其身体保持微蹲的架势,神态真切。他的足边放了5个圆球,那是他刚抛弄过的丸铃。这种球体上凿有小孔,孔中装有石子,抛在空中时会因振动发出悦耳的响声,因此被称为丸铃。老艺人旁边是一位虎背熊腰上身赤裸的中年男演员,额顶十字长竿。上面有一个小孩正在表演倒挂腹旋,这是汉代有名的新节目《都卢寻橦》。下面一位男演员身着宽袍长袖,弓步起舞,衣带流动飘扬,他的右边排着7只盘鼓,这

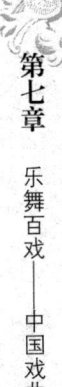

第七章 乐舞百戏——中国戏曲艺术的雏形

是当时最流行的技巧舞《七盘舞》。在这组技艺的后面是大乐队，上层是钟鼓交鸣的打击乐，高高的建鼓披着缨络羽葆，鼓师双槌并举猛力擂鼓。另一位乐工用手握住悬吊在大梁上的木槌，有节奏地撞击着木架上的洪钟，头戴高冠的击磬乐师则一脸沉毅地端坐着。下面十多名伴奏的乐工齐整地分坐三排，前排的乐队指挥——鼓手由女乐工担任，中排是以横箫为主的吹奏乐，后排是琴、笙合鸣的管弦乐。

乐队的后面是惊险的走索，两只对立着的三脚架上横系着长绳，绳下刀剑林立，绳上三位女演员同时表演。旁边两人手执短幢，正向中间走去。更难得的是绳子中部的演员正在表演倒立，双足翻起，腰部弯曲若燕子展翅，表现了高度的平衡技巧。

紧接着是汉代盛行的表演"侲僮戏兽"。象征吉祥之兽，阔口大眼，身披毛皮，屈身跳跃，手执旗帜。前面一小孩身着羽衣，两手撑地，下肢腾起，对兽游戏，憨态可掬，活像今天"舞狮子"的狮童。其后是由人扛着的彩扎大鱼，三人摇着兆鼓逗引，紧接着是"鱼化为龙"，马遍体披鳞装扮成双角巨口的龙，马背上驮着画卷，上端立着一个舞弄羽葆长幢的小孩，龙马在摇鼓、节鞭引导下前进，小演员笑逐颜开，在奔腾的马背上稳如泰山。这大概就是有名的"鱼龙曼延"的一个场面。后面的雀戏也许是凤凰来仪，这些都是由人乔装的。大雀则耸冠展翅，修羽长翎，形似凤凰，颌下系着飘带，中垂流苏，尾附小铃，却明显露出一双人足。鸟前一人穿着花瓣状的衣服，手持梧桐，有梧桐引凤的含义。这组节目显然取材于中国古代神话故事，模拟仙境中的神仙和珍禽异兽，有祈求吉祥、平安、幸福的寓意。

图的最后是激烈的马戏，两匹骏马相对奔驰，昂首扬尾，八蹄翻飞，左面的马背上站着头结飘带、腰系短裙的少女。她左手执短戟,右手握长缨,类似今天杂技舞台上的舞流星。右边一人一手执钩,一手抓住马鬃,腾空跃起,正以飞快的速度上马。下面有三匹饰为龙形的马,并驾齐驱,拉着戏车急驰而来。车中树有建鼓和长竿,两根竿顶各有一个小台,小演员在百尺竿头"反弓倒立"。乐工笙管齐鸣,鼓声阵阵,演出进行到了高潮。朴实的线条展示了1800多年前东汉杂技演出的盛况。从中可以看出这个杂技团人员齐备,包括男女老少,约有23个演员,他们各有所长。老艺人身手不凡;舞男舞态优雅,舒展有力;二人豹戏翻腾激烈,龙上儿童神态潇洒,马背少女动作果断,走索演员稳健沉着。他们的认真表演反映出汉代艺术家们热爱杂技、忠于艺术的精神。

这台演出门类齐全、色彩丰富,拥有手技、足技、倒立、筋斗、高空技艺、乔装表演、马戏、车戏、舞蹈、幻术等节目,可谓种类繁多、技巧高超。通过石刻的各种线条,可以看出汉代杂技在艺术表演形式上也是十分讲究的。整场演出约有十个节目,服饰、道具都很精美。以服装为例,样式很多,有适合施展身段美的长衫,有适合于跑马、登高的短衣,有富于浪漫色彩的花瓣形的裙子、羽衣,甚至连马的身上也披有笼套。这些漂亮的服装与其表演内容紧密结合,既使表演形象美观,又便于技巧动作的发挥,再加上二十多人的大型伴奏乐队,这场演出可称得上声色技艺俱妙。

第八章 古朴典雅——秦汉时期的家具艺术

我国的历史源远流长,从元谋人开始到公元前21世纪是我国漫长的原始社会时期。在这漫长的历史时期内,勤劳的祖先们运用他们的智慧创造了华夏文明的雏形。尤其在建筑、木工、编织及髹漆技术等方面取得了引人注目的成就。到了秦汉时期,家具品类不断增多而且不断创新。这一时期的家具虽部分保留有奴隶社会时期家具形式单调、一物多用、功能交错的特点,但坐卧类家具、置物类家具、储藏类家具、支架类家具、屏风类家具等,在这时都已初具规模。

低矮家具的鼎盛时期

秦朝大一统后,南方的楚式家具得到了广泛传播,中原地区的家具形态也有了进一步发展,南北家具逐渐趋于融合。秦朝统治的历史很短,其出土的实物家具也很少。但从雄伟的万里长城、规模庞大的阿房宫、震撼人心的秦始皇陵兵马俑及出土的一些精美的漆器中,我们可以感受到当时家具种类的丰富和制造技艺的高超。

秦朝后期奸臣当道、政局动荡,最终由汉朝取而代之。汉朝是我国封建社会又一个辉煌的时期。汉灭秦后,采取了休养生息的政策,推行黄老之学,鼓励农桑,经过几十年不断的努力和发展,社会经济得到了全面的恢复,国势强盛,物资丰裕,手工业蓬勃发展。在这种政通人和的环境下,汉朝不同地域的家具相互交融发展,到了西汉中期基本上完成了南北家具的融合。与先秦的家具相同的是,汉代家具依然是在继承战国漆饰的基础上来进行变化发展的,用色更加华美瑰丽,并且形成了比较完整的组合式的家具系列。所不同的是家具中蕴含的礼教成分渐渐衰退,实用的性质逐渐加强。在这一时期，适应于席地而坐的低矮漆木家具进入全盛时期，不仅数量庞大、种类丰富，而且制作工艺比以前更加先进，榫卯构造也更加科学合理，在造型上实现了实用与美观的统一。装饰手法虽仍以彩绘为主，但已由黑红彩绘发展到多彩，并出现了堆漆的装饰手法。到了东汉时期，由于西域文化的传入，人们的生活起居习惯也开始发生变化，席地而坐的生活方式慢慢发生了转变。家具的品种和样式也得到了较大的发展，最具划时代意义的是出现了由低矮型家具向高型家具演变的端倪。

秦汉时期的家具是我国低矮家具的代表。这一时期的家具种类非常齐全，不但继承了春秋战国以来的家具样式，而且还创造出了许多新的品种，如专用坐具——榻，坐卧类家具的分工也越来越细。我们可以从汉代的画像石中看到当时人们生活的习惯仍是席地而坐，但是床和榻已经得到了广泛的应用，在生活中扮演着不可缺少的角色。随着时间的推移，以床、榻为中心的生活起居方式逐渐取代了先秦以席为中心的生活习俗。

1. 坐具

秦汉时期的坐具除席、筵外，已出现榻，其中还有独坐式小榻。河南郸县汉墓出土有"汉故博士常山大（太）博王君坐榻"铭石榻。山东安丘汉画像石上也绘有榻，且榻背附有曲尺屏风。

值得注意的是，这时出现了一种可供垂足面坐的胡床，即现在所称的"马扎"。据《后汉书·五行志》记载："（汉）灵帝好胡服、胡帐、胡床、胡坐……京师贵戚，皆竞为之。"可知胡床在东汉晚期颇为流行。"胡坐"即垂足而坐，应是当时北方少数民族的坐式，已开启日后流行高型家具的先声。

2. 承具

江苏连云港汉墓出土的彩绘八龙吐水漆书案,长0.95米、宽1.5米、高0.32米,有下栅腿,各作四龙吐水状,翻滚的水浪间雕有昂首的蟾蜍。栅腿下为柎足,案身附以藤黄、群青彩绘纹样。

汉代大食案如北京丰台大葆台西汉墓出土的彩绘大食案,与河南长台关战国墓出土的相类似。河南密县打虎亭汉墓壁画中也有使用大食案的生活场面。

3. 架具

汉代架具有衣架与镜架两种。镜架用以悬挂铜镜。沂南画像石墓后室隔墙东面有一备妆场景图,左婢手中所持镜架下有圆座,座上立圆柱,顶为卷云状板,其下系一短缨,各穿镜钮,再下为一长方板,可放置脂粉、篦子等物。镜架在南北朝时仍然沿用,传顾恺之所绘《女史箴图》中的镜架与沂南墓近似。

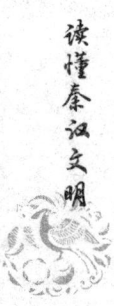

家具的髹漆与纹饰

中国的家具多为木制，其特点之一是涂饰油漆。中国是世界最早发现和使用漆的国家，也是世界桐油和漆的生产大国。在7000多年前的浙江河姆渡遗址中已出土了漆碗。商代漆器纹样已相当精美，河南安阳殷墟大墓发现的雕花木器，涂朱色纹，并镶嵌蚌壳、玉石和松石，清晰绚丽。河北藁城台西村商中期遗址中也出土有许多漆器残片，朱地黑纹，绘饕餮纹、夔纹、雷纹、蕉叶纹等，有的也镶嵌松石。由此可以肯定，漆艺在商代已十分发达。大量的出土器物证明，漆艺的进一步发展是在战国。汉代是中国漆艺的黄金时代，分布地域广泛，北至内蒙古，南达广东，东起山东，西抵甘肃，这些地方出土的漆器数量众多、类型丰富、保存完好，并有纪年铭文，特别是在信阳长台关、随县擂鼓墩、长沙马王堆、江陵凤凰山、云梦大坟头等战国和秦汉墓葬中发现的漆器，更是数量巨大、种类繁多、保存完好。在这些漆器中，家具占颇大的比重。

家具漆饰纹样多是龙凤、云气、花草、几何、鸟兽、仙人、孝子，及其他人物像和车马像等。儒学在汉代获得至高无上的地位，因而漆画题材除纯装饰性纹样外，也注重宣传儒家教义，"成人伦，助教化"，表彰孝子、义士、贤相、明君。同时受当时神仙思想的濡染，诸多凡人升仙等神仙题材也时有出现。

战国和两汉家具髹漆的装饰方法有彩绘、针刻、沥粉、镶嵌和平脱等数种。彩绘是漆饰的主要技法，用各种颜色的矿物粉调和油、漆进行描绘，大多为黑地朱绘或黑地彩绘，也有少数朱地黑绘。黑地为大漆，初为乳白色，经氧化而呈黑色。朱色为朱砂，即硫化汞，与漆液调和后色彩艳丽，不易褪色。此外，尚有黄、白灰、石绿、绿、褐、红、金、银诸色。彩绘时多用纯色，很少用混合色。矿物颜料与漆调和之后附着力极强，若混入油或胶，虽也保持原色，但附着力较差。长沙马王堆汉墓出土的漆凭几和座屏，色彩已多处脱落，就是使用油、胶调色之故。彩绘的工具主要是毛笔，还可能使用了不同宽度的刷笔。彩绘的方法有线描、平涂和堆漆数种。

漆液经调色后，黏稠不易展开，描画有一定难度，故早期纹饰多平涂，很少用线，偶尔用线也感觉线形笨拙，如长台关楚墓出土的朱绘的漆几。汉代技法已经非常熟练，对漆液性能掌握准确，于是能做到线条流畅、奔放有力，马王堆汉墓中的彩绘漆棺就是很好的例证。长沙其他汉墓出土的凭几，其彩绘纹样也十分生动流畅。

针刻又称"锥画"，是用针或锥在漆面刻镂纹样，线细如丝，有的内显彩漆或金色。针刻多用于小件器皿，如山东银雀山西汉墓出土的盝顶长方盒。此长方盒木胎、里朱外黑，其盒顶用针刻中彩笔勾点，盒四面为竖线纹和三角纹，纤细如发。

在漆器上镶嵌是一种传统工艺，历史悠久。新石器时代和商周有嵌绿松石和蚌壳的器物。战国时则多加嵌玉石，如长台关楚墓中的漆几。汉代所嵌品种越来越多，玉、骨、玛瑙、水晶、云母、螺钿、玳瑁、金银、宝石皆可嵌入，文献对此记载很多。

精美的竹器家具

马王堆1号汉墓出土有48个竹笥、4条草席、2条竹席。"笥"为盛放食品或衣物的方形竹器，属储藏类家具。1号汉墓约出土有48个竹笥。出土时叠压三层，排列整齐，大部分外形完整，分别用麻绳索捆扎，有些保存有用来缄封的封泥匣和盛物名称的木牌，如"衣笥""缯笥"等。放食品的竹笥多用茅草垫底。文献记载也证实了这一点，《礼记·曲礼上》："凡以弓剑、苞苴、箪笥问人者……"《左传·昭公十三年》："卫人使屠伯馈叔向羹，与一箧锦。"箧即小箱子。宋戴侗《六书故》："今人不言箧笥，而言箱笼。浅者为箱，深者为笼。"可见箧、笥、箱、笼均为存放物品的家具。

汉代床、榻及室内地面就坐处皆铺席。席子,属坐卧用具。1号汉墓出土了4条草席,其中两条保存完整,大小基本相同,长约2.2米,宽约0.8米。以麻线束为经,蒲草为纬,其编织方法与现代草席相近。其中一条包青绢缘,一条包锦缘,与同出土的简文相合,"莞席二,其一青掾(缘),一锦掾(缘)"。莞,《说文》:"莞,草也。可以作席。"莞是植物名,属莎草科。汉代宫中铺地的多是用莞编成的席子。《汉书·史丹传》:"顿首伏青蒲上。"颜师古注引服虔曰:"青缘蒲席也。"蒲席即莞席,《尔雅·释草》郭璞注:"今西方人呼蒲为莞蒲。"1号墓中发现的4条草席均为莞草所编。可见用莞草编席为汉人所喜爱。

1号墓还出土了2条竹席,长约2.3米,宽约1.6米,遣策中称之为"滑䕩(簟)席"。《尚书·顾命》伪孔传:"簟,桃枝竹。"按《尔雅·释草》:"桃枝四寸有节。"郝懿行义疏:"《竹谱》云'桃枝皮赤,编之滑劲,可以为席',《顾命》篇所谓'簟'席者也。"其质地较好。这种质量较好的席也称"簟",《礼记·丧大记》有"君以簟席,大夫以蒲席,士以苇席"之语。《诗·小雅·斯干》云"下莞上簟,乃安斯寝"。古时铺席,粗的铺在底层,细的铺在上层。簟比莞席精美,但莞席性温,竹簟性凉。《三国志》有"席为冬设,簟为夏施"之说。长沙马王堆汉墓出土的草席和竹席,说明这两种席子具有不同的用途。

长沙马王堆汉墓出土的竹器家具数目繁多,编法精致,其工艺也非常有特色,表现在以下几个方面。

其一,用材考究。我国江南地区盛产竹子,主要有湘妃竹、南竹、水竹等,而长沙马王堆汉墓竹器家具主要使用的是南竹。因为南竹地下茎为单轴型,主干一般高11~13米,粗0.08~0.11米,茎环平,箨环突起,节间为圆筒形，长0.3~0.4米，为制作竹器家具的重要用材。节间长，所以用它编制的竹席、竹笥会比较精美。

其二，工艺精美。1号汉墓出土的竹笥由相套合的盖和器身两部分组成。其制作方法是先"郁架"，即先做支架，决定竹笥的长宽、高低。支架上用加缠竹片固定，然后借火修竹，否则围架不可能变成所需要的形状。所谓"借火"，则是"火弯"就是使部件或材料经过加热处理后变成各种弯曲的形状，因是用火加热变形，故称"火弯"，这是竹制家具特殊操作的工艺之一，也是一项细致工艺，需要一定技术水平。"郁架"之后就是"上面"，即将竹面装到支架上去，为竹器家具不可缺少的一个环节。长沙马王堆汉墓出土的竹笥、竹席的编织方法为人字纹，这种竹席编织方法早在《诗·齐风·载驱》上就有了，用方纹或接近矩形的人字纹编织，并且编出了纵横相间的条纹，非常美观。所谓人字纹编织法，是由两条或数条细篾片的经条与纬条交叉穿压，依次推进而成的。相邻的两根经条与纬条的交织点，呈连续倾斜的对角线状，其纹样与现代的人字形纹竹席、竹箱相同，长沙马王堆汉墓出土的竹器家具不但编织纹理美观，造型朴素大方，而且严密牢固，尺寸合适，便于使用和携带。

总之，长沙马王堆汉墓竹器家具在用材方面选用了适合制作家具的竹子，并采用特殊的制作竹器家具的操作技艺。以便于使用和携带为出发点，充分体现了竹器家具以竹为本的艺术特点，也发挥了其内在美。

汉代的家具——案

汉代，案的名称和形式也多了起来，出现了食案。食案大都形体小且轻，史书中常有食案的记载。《说文》记载："案，几属也。"《史记·田叔列传》记载："汉七年，高祖往诛之，过赵，赵王张敖自持案进食，礼甚恭。"《楚汉春秋》记载："项王使武涉说淮阴侯，淮阴侯曰：'臣故事项王，位不过郎中，官不过执戟，乃去项归汉，汉王赐臣玉案之食，巨阙之剑。'"《后汉书·梁鸿传》则有"孟光举案齐眉，不敢于鸿前仰视"。明代谢肇淛在《五杂俎》中分析古代案时说："汉王赐淮阴玉案之食，玉女赐沈义金案玉杯，石季龙以玉案行文书，古诗'何以报之青玉案'，汉武帝为杂宝案。贵重巨此，必非巨物。"汉时，皇后五日一朝皇太后，亲奉案上食，由此可见，食案极为轻巧灵便，古人举案齐眉应也是一件轻松而寻常的事。

汉代还有一种较大的案，用途较广，读书、写字、进食均可。它和专用的食案不同，食案往往在边沿做出高于面心的拦水线，而这种案不但案面平整，案足宽大，且是弧形。用途不同，名称也各异。读书、写字的叫书案，皇帝上朝及各级官吏升堂处理政事的案则多称奏案。如《艺文类聚》载："曹公平荆州，仍欲伐吴，张昭等皆劝迎曹公，唯周瑜、鲁肃谏拒之。孙权拔刀斫前奏案曰：'诸将复有言迎北军者，与此案同。'"这类大案，有时也用来作食案。《后汉书·刘玄刘盆子传》曰："韩夫人尤嗜酒，每侍饮，见常侍奏事，辄怒曰：'帝方对我饮，正用此时持事来乎！'起抵破书案。"这种案的案面多用纸绢裱糊，直到隋唐时期还使用这种方法。

此外，还有一种用于坐卧的毡案。《周礼·掌次》记载："王大旅上帝，则张毡案。"《六书故》中把毡案作榻类解释，又说："在今为香案之案，以毡饰之。"以上说的是在案面上铺设毡垫，供人坐卧，在这里案又成为供人坐用的家具了。

欹案，即懒架，读书时用来托书的架。实际上是以案当几，侧坐靠倚，与几的作用相似。元陆友《研北杂志》有"曹公作欹案，卧视书"之句。

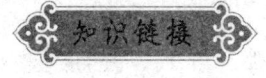

古代的分食制

分食制的用餐方式，是我国古代饮食的传统习俗。每份菜肴都放在案上，端到各人席前。案上放有盛菜的餐具，先秦时多用豆，到了汉时，多用盘。

古时分食，按照身份、地位、官职以及年龄不同，供食有丰有简，这是一种已成制度的食礼。尤其在宴饮时,不能有差错。供食最多的有八豆(即八品、八肴)。如今日所称八大碗,最少的三豆。古人尊老,每逢乡里宴饮时,六十岁老人三豆,每增十岁,则多加一豆。九十岁老人可享六豆,以表示对高寿老人的尊敬。

古朴的汉代屏风

屏风,古时建筑物内部挡风用的一种家具,所谓"屏其风也"。屏风作为传统家具的重要组成部分,由来已久。屏风一般陈设于室内的显著位置,起到分隔、美化、挡风、协调等作用。它与家具相互辉映、相得益彰,成为家居装饰不可分割的一部分,并呈现出一种和谐宁静之美。

汉代屏风已很普遍。在一些重要建筑中,几乎都有屏风,并且这些屏风使用多种材料进行装饰。《太平御览》引《汉武旧事》曰:"帝起神明台,其上屏风悉以白琉璃作之,光冶洞彻。"又有记载说赵飞燕为皇后时,其妹在昭阳殿,在写给飞燕的书信中提到云母屏风、琉璃屏风。

与座屏同时出现于汉代的还有床屏,即置于床或榻后的屏风。《汉书》记载:"万年尝病,命咸教戒于床下。语至夜半,咸睡,头触屏风。"此外，汉代还有大型折屏，广州南越王墓出土一件，十分华丽。

与屏相类的还有步障，即以织物与柱杆组成的临时性围幕，比屏风更为灵活随意，可以移动。沂南画像石墓中室南壁横额东段备膳图即出土一具，地上立木柱，柱头连以绳，绳上挂帷幔。步障起于汉代，魏晋南北朝开始流行，隋唐仍有余风。

汉时，有钱有地位的人家都设有屏风。据传，汉文帝少时曾专门建立思贤院来招揽宾客。院中房屋极尽奢华，房间内设置有华丽的屏风、帐幔、被褥。汉代屏风在种类和形式上也较前代有所增改，除独扇屏外，还有多扇拼合的曲屏（也称连屏、叠扇屏）。此时，屏风多与床榻结合使用，如山东诸城汉墓画像石中的屏风，中间放置与之配套的床榻和被褥，有两面用和三面用的。屏风多为三扇，将后面两扇拉直，将一端一扇折成直角，屏风即可直立。还有的在屏风上安装兵器架，如山东安丘画像石上的屏风，屏风右侧安装有兵器架，用以放置刀剑等物。屏风也有独扇的，长短与榻相同，如和林格尔东汉墓壁画屏风，屏身不高，属小型屏风。

近年出土的实物中以长沙马王堆汉墓出土的漆屏风最为典型。屏身黑面朱背，正面用油漆彩绘云龙图案，绿身朱鳞，体态生动自然。背面朱地则满绘浅绿色菱形几何纹，中心系一谷纹玉璧，屏框四周，围以较宽的菱形彩边，下面的边框上安装有两个带槽口的木托，起保证屏身直立的作用。此外，洛阳涧西区小型汉墓中出土的陶屏风也属这一类。

屏风一般多用于室内，偶尔也在室外使用，但不多见。有一种较大的屏风，专为起遮蔽作用，位置相对固定，名曰"树"。也有把屏风称为"塞门"或"萧墙"的。《尔雅·释宫》记载："屏，谓之树。"《礼记·杂记下》记载："树，屏也，立屏当所行之路，以蔽内外也。"《礼

纬》记载："天子外屏，诸侯内屏，在路门之内外。"

室内所用屏风，大多用木头制成，而室外的屏风，用木制的就不多了。为了经得住风雨侵蚀，常用土石筑砌，作用类似于我们今天所见的影壁和照墙。古语有曰："罘罳，屏屏之遗像也，塾门外之舍也。臣来朝君，至门外当就舍，更详其所应应对之事也。"这句话的意思是说让人行至门内屏外时，稍作停留，将所需应答的问题再考虑一下。这里有屏风遮蔽，虽已进屋，然仍未见面。一旦绕过屏风，便须见礼应对，无暇思索。因此，当门设屏，第一可以挡风避光，第二增加了室内的陈设，第三为来客划出一个特殊地段，给人一个思考准备的空间。

罘罳之名，由来已久，到王莽时才渐渐不为人知。当时人们多把罘罳解释为"复思"。王莽篡位后，改国号为"新"，下令禁用罘罳之名，并拆去汉陵罘罳，其意在于使人们不复思汉。

汉代屏风多在木板上上漆，加以彩绘。造纸术改进后，则多用纸糊，上面画有各种仙人异兽等图像。《后汉书·宋弘传》说："弘当宴见，御坐新屏风，图画列女，帝数顾视之。弘正容言曰：'未见好德如好色者。'帝即为撤之。"这种屏风比较轻便，用则设，不用则收起来，一般由多扇屏风组成，每扇之间用钮连接，可以折叠，人称之为曲屏。四扇称四曲，六扇称六曲。此外，屏风还有多扇拼合的通景屏风。

屏风还有镂雕透孔的，河南信阳楚墓就出土过一件木制镂雕彩漆座屏。中间镂雕出立体感很强的图案，是一种纯装饰性的屏风。汉代时这种屏风很盛行，《三辅决录》载有何敞为汝南太守，章帝南巡过郡，有雕镂屏风，为帝设之。

扩展阅读　汉代的床榻

床和席产生的先后次序我们目前还无法确定，但茵席的广泛使用则比床要早得多。最初的床也只是简单的由四个矮足支撑一个板面，大小与茵席基本相同，使用习俗与茵席也大体相似。但其不能像茵席那样随用随设，而是位置相对固定的家具。床等级较高，下级官吏和平民无资格使用，只有有身份和有地位的上层人士才能使用床榻。由于礼的制约，使床榻在商周时期未能得到普及，直到秦汉时期，人们生活中的坐卧具仍以茵席为主，床榻次之。

有关床的描述在文献中多有记载。据传战国时，齐国孟尝君出行五国，至楚国时，曾向楚王献象牙床。象牙床，即以象牙雕刻的床。象牙床在这里是被当作国与国之间的交换礼品的。《西京杂记》中说汉武帝曾制作了一张七宝床，即把金、银、琉璃、琥珀、珊瑚、珍珠、玫瑰镶嵌在床上。汉武帝的宠臣韩嫣用玳瑁做床，名曰"玳瑁床"。这些记载足以说明在汉代人们使用床的情况以及床的华贵程度。

汉代以前的床有两个含义，既是坐具，又是卧具。汉代的《释名》曰："床，装也，所以自装载也，人所坐卧曰床。"《说文解字》曰："床，身之安也。"《诗经·小雅·斯干》说："载寝之床。"《商君书》说："人君处匡床之上而天下治。"这里所说的"载寝之床"即指卧具床，卧具床因与社交礼仪联系不大，故史书记述不多。它与坐具床的不同之处在于卧具床大都装配围栏，形体也较大。如河南信阳长台关战国墓出土的彩漆木床，它由6个木足支撑床面，四边装围栏，前后各留一门以备上床，床面铺竹屉，通体髹漆彩绘花纹。该床长约2.2米，宽约1.4米，足高约0.2米，是一件精美、华丽、不可多得的家具艺术珍品，对研究楚地文化生活有着重大的参考价值。"人君处匡床之上而天下治"中的"匡床"，说的是坐具床。匡床也作"筐床"，大都较小，不能供躺卧。《淮南子》有"必有忧者，筐床衽席，弗能安也"。其他史书有关这方面的描述也屡见不鲜。由此可见，筐床作为一种专门的坐具在春秋战国时期已很常见。

西汉后期，又出现了"榻"这种家具，它专指坐具。《释名·释床帐》说："长狭而卑曰榻。"《通俗文》说："三尺五曰榻，独坐曰枰，八尺曰床。"床和榻有不同的用途，榻和床相比，榻比床矮小。《释名》还说："榻，言其体，榻然近地也。小者曰独坐，主人无二。独所坐也。"从考古发掘中也可以看到这方面的资料，如望都汉墓壁画上主记史和主簿所坐的榻、徐州茅村汉墓画像石和铜山洪楼村汉墓画像石上的独坐榻、辽阳棒台子汉魏墓壁画上的独坐小榻、嘉峪关东汉墓画像砖中的坐榻等。望都2号墓出土的石榻，其中一件在榻面上刻有"汉故博士常山太傅王君坐榻",为研究汉代家具的历史提供了重要依据。实际上这时的榻与汉代以前专供坐的筐床同属一类家具。可见,床和榻的产生和发展可能没有先后之分,只不过随着时代的发展而叫法不同罢了。汉代以后,榻的名称逐渐普遍,才成为一般坐具的特定名称。

第八章 古朴典雅——秦汉时期的家具艺术

第九章

光芒永驻——秦汉时期的科学文化成就

秦汉时期社会较为稳定，封建经济的发展推动了科学与文化的发展。国内各民族之间联系密切，中外交往活跃，为秦汉科学与文化提供了广阔的发展空间。秦汉时期出现了一大批科学著作和文学作品，在中外技术史和文学史上都影响深远。

秦汉时期的天文历法

两汉时期天体理论学说主要有三个流派,分别是盖天说、浑天说和宣夜说,其思想渊源可以追溯到春秋战国时期。约成书于公元前1世纪的《周髀算经》是盖天说的代表作。盖天说约成形于殷末周初时期,它认为天圆地方,"天圆如张盖,地方如棋局",日月星辰附着于天地平转。这一学说建立在人们感性视觉的基础上,在汉代已为越来越多的天文观测所否定。

东汉前期的郗萌是宣夜说的代表,他认为"天了无质,仰而瞻之,高远无极",根本不存在一个固体的天球,日月众星在充满气的无限的宇宙空间中运动。

浑天说的势力在两汉时期最大,著名学者落下闳、鲜于妄人、耿寿昌、扬雄等都坚持这一学说,东汉杰出的科学家张衡则是这一学说的集大成者。他的《浑天仪图注》全面总结和论述了浑天说的理论,认为"浑天如鸡子,天体圆如弹丸,地如鸡子中黄,孤居于内。天大而地小,天表里有水，天之包地，犹壳之裹黄。天地各乘气而立，载水而浮。"这显然是以地球为中心的宇宙理论。在当时的条件下，由于它能够近似地说明天体的运动，所以影响很大。张衡还写有《灵宪》一书，系统完整地描述了天地万物生成变化发展的过程，并提出了五星视运动的理论，探索五大行星运动快慢及其与地球运动的关系。他制造的水运浑天仪，以漏水为原动力，通过齿轮的转动，近似无误地演示了天象。他还首创了世界上第一架探测地震的仪器——候风地动仪，并准确地记录了公元134年12月13日在陇西金城发生的一场大地震。

秦汉时期，我国独特的历法体系已经形成。秦时颁行的颛顼历到汉初还在沿用。西汉时，由于颛顼历缺陷日益明显，汉武帝在公元前104年下令公孙卿、壶遂、司马迁等人改造汉历，并征募民间著名天文学家唐都、落下闳、邓平、司马可、侯宜君等二十余人参加。在18种改历方案中，最后选定了邓平的方案，命名为"太初历"。这部历书原著已佚，西汉末年刘歆修订太初历并参考其数据，制定了"三统历"。汉武帝太初元年（公元前104年），改年号为太初，并颁布实施这套历法。太初历已具备了气朔、闰法、五星、交食周期等内容，首次提出以没有中气（即雨水、春分等十二节气）的月份为闰月的原则，使季节与月份的关系趋于合理，在农历中一直沿用至今。太初历还第一次明确提出135个朔望月中有23个食季的食周概念，提高了五星会合期的精度，建立了注明五星位置的方法。

东汉早期天文学家李梵、苏统等人发现了月亮视运动的不均匀性。东汉晚期的刘洪在其创立的"乾象历"中，首先将这一成果用于交食的推算，提高了推算日食、月食发生的准确度。他使用的较为准确的回归年

第九章　光芒永驻——秦汉时期的科学文化成就

和朔望月长度的新数据，对后世产生了积极的影响。我国古代对天象观测和记录的传统在秦汉时期得到了发扬，河平元年（公元前28年）三月己未，第一次准确地记录到太阳黑子。此后二十多年，有关黑子的记录超过百次。元光元年（公元前134年）六月，在世界天文史上，《汉书·天文志》第一次记载了一颗新星。中平二年（185）十月癸亥，《后汉书·天文志》又在世界上最早记录了超新星。其他关于日食、月食、彗星、流星雨、极光等在文献中也可以找到丰富的记载。

《淮南万毕术》

《淮南万毕术》大约成书于公元前2世纪，是西汉淮南王刘安所招致的淮南学派学者所著，是我国古代有关物理、化学的重要文献。《淮南万毕术》中"万毕"二字，有人释读为人名，恐不准确。方以智《通雅》卷三说："万毕，言万法毕于此也。"清儒王仁俊《玉函山房辑佚书续编》则认为"毕、变音近，犹言万变术耳"。这些说法，均可作为备解。

《淮南万毕术》已经失传，现只存有辑本。从现存内容来看，《淮南万毕术》主要是谈论各种各样的变化，包括人为的和自然的变化。此书在谈论这些变化时有一种倾向，即力图通过人为的努力，实现那些看上去与常情相悖的变化。这是人类求知心理的自然表现，正是这一表现，使我们对于淮南学派做过的一些科学探索能够有所了解。

张衡与地动仪

东汉时期,地震频繁。据《后汉书·五行志》记载,自和帝永元四年(92)到安帝延光四年(125)的三十多年间,较大的地震就发生了26次。洛阳虽不是主要地震区,但多次出现的强震仍引起了统治者的重视。为了掌握全国各地的地震动态,张衡在前人积累的地震知识的基础上,经过多年研究,终于在阳嘉元年(132)成功地制造出了候风地动仪。

《后汉书·张衡传》记载:"复造候风地动仪,以精铜铸成,员径八尺,合盖隆起,形似酒樽,饰以篆文山龟鸟兽之形。中有都柱,旁行八道,施关发机,外有八龙,首衔铜丸,下有蟾蜍张口承之。"仪器里面竖立着一根上粗下细的铜柱(相当于一种倒立型的震摆),叫作"都柱"。都柱周围有八条通道,称为"八道",八道是与仪体相连接的八个方向有八组杠杆机械。仪体外部相应地铸有八条龙,头朝下、尾朝上,按东、南、西、北、东南、东北、西南、西北八个方向布列。每个龙头的嘴里都衔着一个小铜球，每个龙头下面均蹲着一只铜制的、昂头张口准备承接小铜球的蟾蜍。一旦发生强烈地震，铜柱会因震动而失去平衡，倒向地震发生的方向，从而触动八道中的一道，使相应的那条龙嘴张开，小铜球即落入铜蟾蜍口中，发出很大声响，这样人们就会知道在什么时间什么方位发生了地震。

顺帝永和三年（138）二月初三那天（一说为134年12月13日），安置在京城洛阳的地动仪，正对着西方的龙嘴突然张开吐出了小铜球，清脆的响声惊动了四周。人们纷纷议论，大地并没有震动，地动仪为什么会报震呢？大概是地动仪不灵了吧？谁知过了没有几天，陇西（今甘肃省西部）发生地震的消息便传来了，人们"皆服其妙"。陇西距洛阳1000多千米，地动仪能够准确地测知那里的地震，有力地证明了张衡的地动仪是灵敏的、准确的！

汉朝末年，政治颓败，国内连年战乱，百姓流离失所，京都洛阳也处于一片水深火热之中。地动仪、指南车、浑天仪等诸多宝物也尽失于途。但长期以来，中外科学家一直给予张衡地动仪极高的评价，日本人服部一三在1875年第一次把《后汉书·张衡传》中对地动仪的介绍公布于世，并绘制出了地动仪的复原图。1883年，现代地震学之父——英国人米尔恩第一个向世界宣布"人类第一架地震仪是中国人张衡发明的"。在科学技术还很落后的2世纪初，张衡能利用物体的惯性测震，是极其难能可贵的。欧洲直到1880年才制造出监测地震的仪器，比中国晚了1700多年。

张衡创制地动仪，是世界地震学史上的一件大事，开创了人类使用科学仪器测报地震的历史，在人类同地震做斗争的历史上写下了光辉的一页。

张衡

张衡,字平子,南阳(今河南南阳)人,生于公元78年,卒于公元139年。汉赋四大家之一,东汉时期天文学家、数学家、发明家。历任郎中、太史令、侍中、河间相等职。为了增长自己的学识,青年时期便游学故都长安(今陕西西安)和都城洛阳。从此,他养成了好学不倦的习惯,"如川之逝,不舍昼夜"(崔瑗《河间相张平子碑》),他以"约己博艺,无坚不钻"(《后汉书·张衡传》)作为自己求学的座右铭,不但如饥似渴地汲取既有的知识,而且努力探求未知的学术领域,从而成了一个博学多才的学者,并以杰出的科技贡献名垂史册。

数学专著《九章算术》

《九章算术》是我国现存比较古老的一部数学专著,它不是一人一时的著作,而是经由几代人不断修改、补充而成的。它至迟在东汉前期即已成书,而它的基本内容至迟在西汉后期(公元前1世纪中叶)就已基本定型,西汉张苍、耿寿昌曾做过整理和增补。《九章算术》内容十分丰富,全书总结了战国、秦汉时期的数学成就。采用问题集的形式将全书246个数学问题及其答案分为九章,其主要内容是:

第一章方田,是关于各种形状的田亩面积的计算问题,包括正方形、矩形、三角形、梯形、圆形、环形、弓形、截球体面积的计算。其中,还有世界上关于分数的约分、通分、四则运算、求最大公约数等运算法则的最早记述。

第二章粟米,讲的是各种比例的计算问题,特别是按比例交换各种谷物的问题。

第三章衰分,讲的是按等级分配物资或按等级摊派税收的计算。

第四章少广,讲的是由已知面积或体积,求其一边的边长问题,其中涉及开平方和开立方的计算方法。

第五章商功,讲的是有关土石方和用工量等各种工程数学问题,主要是讲述各种工程体积的计算方法。

第六章均输,讲的是按人口多少、路程远近、物价高低等摊派税收和分派民工的比例问题,涉及复比例、连比例等较复杂的比例配分计算。

第七章盈不足,讲的是用两次假设来解决某些难题的算法。大多是对"有若干人共买东西,每人出八就多三,每人出七就少四,问人数和物价各多少"这类问题的解答。因其解法要用两次假设,故现在常称之为"双设法"。

第八章方程,讲的是一次方程组的解法问题。其解法与现中学代数课中讲的"加减消元法"基本相同。本章还引入了负数,并给出了正负数的加减运算法则。这些内容在世界数学史上都是第一次出现。

第九章勾股，讲的是利用勾股定理测量和计算高、深、广、远等问题，内容涉及直角三角形、二次方程等的解法。

《九章算术》的问世，标志着中国传统数学已经形成，它对后世的数学发展有着深刻的影响。后世的数学著作基本上承袭它的编写体例，并继承和发展了它所倡导的从实际问题出发、提供数学解法的传统。后世不少杰出的数学家都对《九章算术》进行了注释，并在注释中引入新的数学概念和方法，著名的有三国时期的刘徽、唐代的李淳风等。

医学巨著《神农本草经》

《神农本草经》简称《本草经》或《本经》，是我国现存最早的药物学专著，首载于南朝梁阮孝绪的《七录》。《神农本草经》撰者不详，托名"神农"，成书年代有战国说、秦汉说、东汉说。一般认为，该书并非出自一人一时之手，大约是秦汉以来许多医药学家不断搜集药物学资料，直至东汉时期才最后加工整理成书。原书在唐初失传，现今传本是后人从《太平御览》《证类本草》等书中辑录而成。《神农本草经》的版本较多，其中以清顾观光辑本、日本森立之辑本及清孙星衍与孙冯翼合辑本较为完善。

《神农本草经》全书分三卷，也有四卷本（"序录"或"序例"单立一卷），内容十分丰富，反映了我国东汉以前药物学的经验与成就。

《神农本草经》收载药物365种，其中植物药252种、动物药67种、矿物药46种。将药物按性能功效的不同分为上、中、下三品，开创以分类法研究药草之先河。"上药一百二十种为君，主养命以应天，无毒，多服久服不伤人，欲轻身益气不老延年者本《上经》。""中药一百二十种为臣，主养性以应人，无毒，有毒，斟酌其宜，欲遏病补羸者本《中经》。""下药一百二十五种为左使，主治病以应地，多毒，不可久服，欲除寒热邪气、破积聚愈疾者本《下经》。"三品分类法虽有分类过于笼统、划分标准不清等缺陷和不足。如瓜蒂是催吐药，应列入下品，却列在上品；龙眼是补养药，应定为上品，却列于中品等。该书提出上品药物"主养命"，使人强壮、延年益寿；下品药物"主治病"，多毒，不可久服；中品药物介于二者之间。但这样的药物分类方法，是我国药物学最早的分类方法，对启迪后人研究药物分类和指导临床应用颇有意义。

《神农本草经·序录》指出："药有君臣佐使，以相宣摄合和，宜用一君、二臣、三佐、五使，又可一君、三臣、九佐使也。"说明方剂按君、臣、佐使的配伍原则组合，可以更好地发挥治疗作用，克服其毒性和不良反应。虽然该书所提君臣佐使各药的味数未免有些机械，但作为组方总则，却一直为后世医家所遵循。

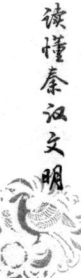

《神农本草经》指出药物"有单行者，有相须者，有相使者，有相畏者，有相恶者，有相反者，有相杀者"。在这七类药物的配伍中，相须、相使是最常用的配伍方法，故提出"当用相须、相使者良"。相畏、相杀是使药效较强的药物的配伍方法，故提出"若有毒宜制，可用相畏、相杀者"。相恶、相反是属于用药禁忌，故提出"勿用相恶、相反者"。该书对近200种药物的配伍宜忌进行了说明，可以看到药物之间的关系非常复杂，但只要配合得宜便可奏效。

《神农本草经》又明确指出："药有酸、咸、甘、苦、辛五味，又有寒、热、温、凉四气，及有毒、无毒。"这就要求医者要明了药物四气五味和有毒无毒的情况，这也是历代研究药性、指导中药应用的基本原则。对于有毒药物的应用，则应"若用毒药疗病，先起如黍粟，病去即止。不去，倍之；不去，十之。取去为度。"这强调必须从小剂量开始，逐渐增加剂量，奏效即止，以免造成药物中毒的严重后果。

《神农本草经》指出药物"阴干暴干，采造时月，生熟，土地所出，真伪陈新，并各有法"，强调要选择适宜的采集时间，掌握药物的生熟程度，还要了解地理环境对药物的影响。收藏药物时，要根据药物的特性选择是阴干，还是阳干。此外，还要对药物真伪新陈及质量优劣进行鉴别。关于药物制剂，指出："药性有宜丸者，宜散者，宜水煮者，宜酒渍者，宜膏煎者，亦有一物兼宜者，亦有不可入汤酒者，并随药性，不得违越。"并主张应根据药性和病情的不同，采用不同的试剂。

在临床用药实践中，该书强调"欲疗病，先察其原，先候病机，五藏未虚，六府未竭，血脉未乱，精神未散，食药必活。若病已成，可得半愈。病势已过，命将难全。"药物并非万能，贵在可治之时尽早防治。关于临床用药原则，则有"疗寒以热药，疗热以寒药，饮食不消以吐下药，鬼注蛊毒以毒药，痈肿疮瘤以创药，风湿以风湿药，各随其所宜"之句，体现了此书辨证用药和辨病用药结合的主张。

在服药方法上，《神农本草经》根据病症所在，对服药时间做了详细规定，"病在胸膈以上者，先食后服药；病在心腹以下者，先服药而后食；病在四肢血脉者，宜空腹而在旦；病在骨髓者，宜饱满而在夜。"这些认识虽略显机械，但对后世中医用药的研究与临床应用上具有一定的启迪与指导价值。

总之，《神农本草经》集东汉以前药物学大成，系统总结了秦汉以来的用药经验，是我国现存第一部药物学经典著作。限于当时的历史条件和科学水平，该书难免存在一些错误，例如说水银"久服神仙不死"，赤箭"主杀鬼"等。但瑕不掩瑜，《神农本草经》的药物学成就对后世药物学的发展有着十分重要的影响。

张仲景与《伤寒杂病论》

张仲景，名机，字仲景，东汉末年著名医学家，东汉南阳涅阳县（今河南邓州市穰东镇）人。仲景少年时"学医于同郡张伯祖，尽得其传"。汉灵帝时，被举为孝廉，官至长沙太守。仲景仰慕扁鹊的医才，痛恨世人忽视医学、追求名利、竞逐权势的行为。于是他决心抛弃仕途，走上医学之路。

东汉末年，正是战乱灾害频频发生的时代，瘟疫更是肆虐。著名的建安七子（孔融、陈琳、王粲、徐幹、阮瑀、应场、刘桢）竟有四人死于瘟疫。张仲景两百多人的大家庭，在建安年间也死了三分之二，其中因伤寒而死的占十分之七。这给张仲景很大的打击，残酷的事实迫使他专心致力于医学。他一方面勤求古训，认真钻研《素问》《九卷》《八十二难》《阴阳大论》《胎胪药录》等医学著作，吸收前人经验；另一方面博采众方，广泛搜集整理民间流传的经验药方，在临床实践中加以运用和检验。经过几十年的努力，在晚年终于完成了《伤寒杂病论》这一医学巨著。

但《伤寒杂病论》著成后不久就散失了。一直到晋朝，一个名叫王叔和的太医令在偶然的机会中发现了这本书。但是此书已是断简残章，王叔和看着这本书越来越兴奋，十分想知道这是什么书。于是就利用太医令的身份，全力搜集《伤寒杂病论》的各种抄本，终于找全了关于伤寒的部分，并加以整理，命名为《伤寒论》。但《伤寒杂病论》中杂病部分还是没有找到。对于王叔和的功劳，清代名医徐大椿曾这样评价："苟无叔和，焉有此书。"

到了北宋仁宗时，一个名叫王洙的翰林学士在翰林院的书库里发现了一本"蠹简"，即被虫蛀了的竹简，书名《金匮玉函要略方》。这本书一部分内容与《伤寒论》相似，是论述杂病的。后来，名医林亿、孙奇等人奉朝廷之命校订《伤寒论》，将它与《金匮玉函要略方》对照，知道其是张仲景所著，于是更名为《金匮要略》刊行于世。

《伤寒杂病论》共16卷，包括"伤寒"和"杂病"两部分。经校勘整理，分为《伤寒论》和《金匮要略》两部分行世。《伤寒论》共10卷，

22篇，397法，113方，论述了外感热病"伤寒"的病理、诊断、治疗和用药，确立了"辨证施治"规律。《金匮要略》共6卷，25篇，139条，262方，将脏腑、经络、内科杂病、外科、妇产、儿科等疾病分类，对病因、病机的诊断和防治等进行了论述。《伤寒论》和《金匮要略》在宋代都得到了校订和刊行，我们今天看到的就是宋代校订本。除重复的药方外，两本书共载药方269个，使用药物214味，基本概括了临床各科的常用方剂。这两本书与《黄帝内经》《温病条辨》并称为"中医四大经典"。

张仲景把包括多种传染病在内的一切外感发热病通称为"伤寒"，创造性地提出以六经辨伤寒、以脏腑辨杂病的"辨证论治"的治疗原则，确立了理、方、法、药相结合的理论体系，为中医学术的发展打下了基础。至今，"辨证论治"仍是中医诊断治疗的核心部分。

为了做出正确诊断，他还提出"八纲"（即阴、阳、表、里、寒、热、虚、实）的辨证方法，其中又以阴阳作为总纲，凡寒症、虚症、里症一般是阴病，凡热症、实症、表症一般是阳病。他把通过"四诊"（望、闻、问、切）诊断出来的病人各方面的表现加以综合、归纳、分析、辨认，从而作出正确判断，即所谓的"辨证"。辨证就是综合全部症状，认清疾病的本质；论治是采取不同的方法治疗。张仲景总结以前的经验，根据不同病人的病情、气候、地理条件而采取不同的治疗方法。例如头痛是症状，但仍需经四诊（望、闻、问、切）集中全部症状。

在处方用药方面，张仲景大胆创新，调制了不少新的复合方剂，大大发展了方剂学。现在中医临床上不少常用方剂都是由其方剂加减变化而来的。《伤寒杂病论》奠定了中医治疗学的基础，对世界医学的发展也有很大影响。在这部著作中，张仲景创造了三个世界第一，首次记载了人工呼吸、药物灌肠和胆道蛔虫的治疗方法。

《伤寒杂病论》是后世医者必修的经典著作，历代医家对之推崇备至、赞誉有加，至今仍是我国中医的必读书目之一，是中医学习的源泉。

纪传体巨著《史记》

《史记》是一部体例谨严、博大精深的历史巨著，是我国第一部纪传体的通史，记载了上自黄帝，下至汉武帝太初年间，大约上下3000年的历史。《史记》初传并无固定书名，或称《太史公书》，或称《太史公记》《太史记》，魏晋之间，始称《史记》。全书分十二本纪、十表、八书、三十世家、七十列传（包括《太史公自序》），共130篇（其中《外戚世家》《三王世家》《滑稽列传》等几篇，由西汉元帝、成帝时褚少孙修补而成），共50多万字。

本纪，是按帝王的世代顺序记叙政治、军事等天下大事。有《五帝本纪》《始皇本纪》《高祖本纪》《孝景本纪》等。

表，是用表格来简列历代帝王和诸侯国的政治军事大事及帝王世系。有《六国年表》《汉兴以来诸侯年表》《惠景间侯者年表》等。

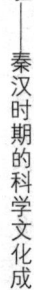

书，则记录经济、文化、天文、历法等诸多方面的内容。如《礼书》《律书》《河渠书》等。

世家，是有关先秦各诸侯国以及汉朝享有封土的功臣贵戚们的国别史、家族史的论述。如《齐太公世家》《周公世家》《越王勾践世家》《留侯世家》等。

列传，是帝王诸侯外其他各方面代表人物的生平事迹和少数民族的传记。如《伯夷列传》《老子韩非列传》《屈原贾生列传》《淮阴侯列传》《李将军列传》等。

本纪、表、书、世家、列传这五种不同的体例，相互补充配合、脉络分明、融会贯通，形成了《史记》的整体结构。唐代史学家刘知几概括史书有"二体"，一曰编年体，如《春秋》；另一种是纪传体，如《史记》。《史记》就是纪传体史书的创始。自汉以后的正史，尽管名目有改变，门类有短缺，但都有纪有传，沿用了《史记》的体例。

司马迁的写作初衷是遵父志、继《春秋》。残酷的生活经历又深化了他的思想，在《报任安书》中他进一步申述了创作《史记》的主张是"究天人之际，通古今之变"，就是要研究"天道"（自然界）和"人事"（人类社会）的关系，继承先秦以来"天人相分"等有唯物主义成分的传统观念，反对天道可以干预人事的天人感应说。如《天官书》记载了星球的运行、星宿的位置，这在2000多年前是极其可贵的。《封禅书》忠实记述了秦始皇迷信方士终不免一死的昏庸愚妄。更可贵的是，司马迁也实录了汉武帝好神仙的诸多事实，并给以大胆的嘲讽。所谓"通古今之变"，就是探讨古今历史变化的原因，从经济着眼分析社会历史现象，《货殖列传》是其代表。

司马迁不以成败论英雄，不以社会地位的贱贵定人的价值，他为我国第一次农民大起义的领袖陈胜、吴广立了传，作《陈涉世家》，充分肯定了他们"首发难"之功。为秦末楚汉之争中失败自刎了的西楚霸王项羽写了《项羽本纪》，成功地刻画了一位富有传奇色彩的反秦反暴的英雄，歌颂了他勇猛过人，也惋惜他不能当机立断，逞匹夫之勇。这反映了司马迁的才识胆略，确能"原始察终，见盛观衰"。其在2000多年前，就能看到农民起义和封建统治者残酷压迫剥削的因果关系，客观地揭示出社会发展的客观规律，确实难能可贵。

《史记》最精彩的内容在本纪、世家、列传等人物传记中。这里收录了各个阶级、阶层的历史人物。通过表述人物的性格特征及其基本政治倾向，抒发自己独特的历史见解和政治思想，寄托自己的褒贬。他对帝王并非一味歌功颂德，而是既记其功，又写其过，批评其残暴。就连汉代的开国之君刘邦、司马迁命运的主宰者汉武帝刘彻，他也是如实描述他们的面目，对贪婪、虚伪、权诈、荒诞等人性中的弱点进行了巧妙无情的揭露。

司马迁把帝王手下的官吏分为循吏与酷吏，分别列传。前者是本法循理之官，为人民做好事，他以极大的热情进行歌颂。如《循吏列传》中的楚令尹孙叔敖"三月为楚相，施教导民，上下和合，世俗盛美，政缓禁止，吏无奸邪，盗贼不起。秋冬则劝民山采，春夏以水，各得其所便，民皆乐其生。"写郑国贤大夫子产"治郑二十六年而死，丁壮号哭，老人儿啼，曰：'子产去我死乎！民将安归？'"其对酷吏不仅进行了无情鞭笞，而且揭露了官逼民反的真实原因，如武帝时的酷吏周阳"最为暴酷骄恣。所爱者挠法活之，所憎者曲法诛灭之"，酷吏张汤"天下事皆决于汤，百姓不安其生，骚动"，酷吏温舒"温舒死，家直累千金"，"自

温舒等以恶为治，而郡守、都尉……大抵尽放（仿）温舒，而吏民益轻犯法，盗贼滋起。南阳有梅免、白政，楚有殷中、杜少……大群至数千人……小群盗以百数"。

此外，司马迁通过《刺客列传》《游侠列传》还为一些向来为统治阶级所轻视的中下层社会人物，所谓"市井细民"立了传记，记叙他们不畏牺牲、不受礼教制约的傲岸性格，歌颂他们敢于反抗强暴的侠义行为，这些都与正统的思想家、历史家的观点有极大区别，也正是他的可贵之处。司马迁长期接触社会底层人士，了解下层人民的生活，这些是他亲身经历过封建专制制度的残酷之后，所迸发出来的光辉的思想火花。

《史记》中更多是记录一系列爱国志士、英雄豪杰的传说，展现了一幅幅绚丽多彩的历史画卷，谱写出一章章可歌可泣、威武雄壮的乐曲。其中脍炙人口的有《廉颇蔺相如列传》《屈原贾生列传》《淮阴侯列传》《李将军列传》等。《屈原贾生列传》通篇洋溢着强烈的抒情气氛，论述多于叙写，以"悲其志"一语作为贯穿全文的线索，歌颂屈原"正道直行""信而见疑，忠而被谤"，"其文约、其辞微、其志洁、其行廉"，"推此志也，虽与日月争光可也"。这些饱含热情的讴歌，简练而准确地表现了人民对爱国诗人屈原的评价，而我们也恰恰在这讴歌中看见了文学家与史学家司马迁的形象。再如《李将军列传》中的汉名将李广，这是一个善带兵的好将领。"（李）广廉，得赏赐辄分其麾下，饮食与士共之"，"广之将兵乏绝之处，见水，士卒不尽饮，广不近水，士卒不尽食，广不尝食"，"士以此爱乐为用"。司马迁怀着崇敬、同情和满腔不平，借文帝之口发出"惜乎，子不遇时，如令子当高帝时，万户侯岂足道哉"的感叹，在文章最后引民谚"桃李不言，下自成蹊"给李广以极高的评价。

鲁迅《汉文学史纲要》中评价《史记》是"史家之绝唱，无韵之离骚"，这是非常高的评价。司马迁和他的不朽巨著《史记》不仅对后世古文有巨大影响，而且对后世的诗歌、历史小说、戏剧创作的影响也处处可见。

断代史巨著《汉书》

班固的《汉书》是一部可与《史记》相媲美的博大精深的著作。

班固生于建武八年（32），卒于永元四年（92），字孟坚，扶风安陵（今陕西咸阳）人。其父班彪、伯父班嗣均为当时儒学大家。班固幼承家教，博学好文。建初四年（79），章帝诏诸儒讲论五经大义于白虎观，班固受命撰集其事，作《白虎通义》。和帝永元元年（89）秋，班固随窦宪出击匈奴，后窦宪被逼自杀，班固亦因此免官。永元四年（92），又因教诸子、家奴不严被逮，死于狱中，时年六十一岁。

修撰《汉书》始于班彪。彪卒，班固继承父志，续撰《汉书》，未竟而卒，复由其妹班昭及马续奉诏相继完成。《汉书》记事，起于汉高祖，止于王莽末年，计十二纪、八表、十志、七十列传，是我国第一部纪传体断代史。

《汉书》以史家之笔，记录西汉一代的历史，对汉朝统治集团的昏庸残暴、上层社会的炎凉冷暖、社会危机和民生疾苦、有功于社会的仁人志士，都有较客观真实的反映，其中也寄寓有史家的褒贬。这是《汉书》与《史记》的相同之处。但因为班固生在专制压迫和经学统治严重的时代，经学家与史学家的双重人格，使《汉书》的史学见解和史学精神又不同于《史记》。如同是《高帝纪》，司马迁说："三王之道若循环，终而复始。周秦之间，可谓文敝矣，秦政不改，反酷刑法，岂不缪乎？故汉兴，承敝易变，使人不倦，得天统矣。"班固却说："汉承尧运，德祚已盛，断蛇著符，旗帜上赤，协于火德，自然之应，得天统矣。"对于刘邦之所以能够建国，司马迁认为既在人事，也在历史循环，而班固则完全归于天运。可见两人所说的"天统"有所不同。

最能体现《史记》《汉书》思想分歧的还在《货殖列传》《游侠列传》。班固说："四民不得杂处……欲寡而事节，财足而不争，于是在民上者，道之以德，齐之以礼，故民有耻而且敬，贵谊而贱利。"司马迁说："凡编户之民，富相什则卑下之，伯则畏惮之，千则役，万则仆，物之理也。"班固却说："昔先王之制，自天子、公、侯、卿大夫、士，至于皂隶，抱关、击柝者，其爵禄、奉养、宫室、车服、棺椁、祭祀、死生之制，各有差品。小不得僭大，贱不得逾贵。夫然，故上下序而民志定。"（以上分别见《史记》《汉书》）。相比之下，对于礼义道德、社会等级与经济基础的关系，两人的见解是很不相同的。《游侠列传》中司马迁说郭解"廉洁退让，有足称者，名不虚立，士不虚附……"班固却认为:"以匹夫之细,窃杀生之权,其罪已不容于诛矣。观其温良泛爱,振穷周急,谦退不伐,亦皆有绝异之姿;惜乎不入于道德,苟放纵于末流,杀身亡宗,非不幸也"。可见班固对游侠的评价不如司马迁高,其与汉代主流的思想趋于一致。

一般说来,司马迁著史,寄慨遥深,而班固的《汉书》则近乎"纯史",不甚动情。如《苏武传》这样叙次精彩,千载下犹有生气,合之《李陵传》,慷慨悲凉的文章,在《汉书》中并不多见。此外,《汉书》沿用《史记》体例而又有所改易,多用《史记》文字而又有所删省。其体例之改易,得失互见,其文字之删省,则往往失却司马迁的微旨与叙事的生动。发愤而作的私史与奉诏修撰的官史,区别即在于此。但《汉书》也有自己的特点。从内容上看,《汉书》的纪传有忠奸两种人物类型,如矢志不渝的苏武、忠心耿耿的霍光、老奸巨猾的王莽。《汉书》对忠奸观念的强调,是两汉维护君主集权制度的正统思想在史学上的反映。但《汉书》也写有特立独行之士,如求裸葬的杨王孙,班固甚至评价:"昔仲尼称不得中行,则思狂狷。观杨王孙之志,贤于秦始皇远矣。"经历了两汉之际的战乱,异端思想随之而起。班固此语已非纯儒之言,这正反映了当时思想的特点。《汉书》一书开创了断代史的叙史方法,体例为后世沿袭。此外,《汉书》从学术与文献的角度,不独在《史记》原有纪传中增加了学术与经世的文章,更增设学术事迹纪传,特设《艺文志》讲论学术源流。把文化学术纳入史的视野,是《汉书》的又一大贡献。《汉书》的文章成就对后世文章的影响,也是十分深远的。

扩展阅读 华佗的"神药"

东汉末年有位杰出的医学家,他不但精于外科,而且在诊断、药物、针灸、妇产科和体育卫生等方面也颇擅长。他首创用全身麻醉法施行外科手术,为后世所推崇。他的故事至今仍广泛流传于民间,他就是中医外科的鼻祖——华佗。

华佗(约145—208),一名旉,字元化,沛国谯县(今安徽亳州)人。少时曾游学徐州,他兼通术数、经书和修身养性之法而淡于功名利禄。当时沛相陈珪和等人都想举荐他做官,但都被他拒绝。他把毕生的精力用于钻研医学和为人治病,乐于接近百姓,足迹遍及江苏、山东、安徽、河南等地,深得人民的爱戴。同时,他善于把人民的智慧(民间经验医学)加以总结,所以在医学方面取得了突出的成绩,做出了卓越的贡献。

名医华佗医术超群,《三国演义》描述:"其医术之妙,世所罕有。但有患者,或用药,或用针,或用灸,随手而愈。若患五脏六腑之疾,药不能效者，以麻肺汤饮之，令病者如醉死，却用尖刀剖开其腹，以药汤洗其脏腑，病人略无疼痛。洗毕，然后以药线缝口，用药敷之。或一月，或二十日，即平复矣。"文中所载的"麻肺汤"医学上又叫"麻沸散"，传说是华佗创制的用于外科手术的麻醉药。麻沸散是怎样发明的呢？

据传有一天华佗的病人很多，他累得筋疲力尽。就喝了一些酒来解除疲劳，可是因为劳累过度，加上空腹，没饮上几杯就酩酊大醉了，而且人事不知，对别人的呼叫、拍打都没有反应，好像死了一样。华佗的妻子吓坏了，可是摸他的脉搏，却发现跳动正常，这才相信他是真的醉了。过了两个时辰，华佗醒了过来，家人把刚才他醉酒的事情告诉他，华佗听了大为惊奇。后来，华佗做了几次试验，得出酒有麻醉作用的结论。后来再给病人动手术时，他就叫病人喝酒来减轻痛苦。可是有些手术刀口大，疼痛剧烈，仅用酒来麻醉是不够的，又该怎么办呢？

有一次，华佗行医时遇到一个奇怪的病人，病人牙关紧闭，口吐白沫，手握拳，躺在地上不得动弹，呼叫、拍打、针灸全无知觉。华佗上前看他的神态，按脉搏，摸额头，一切都正常。他向病人的家属询问病因，家属说："他身体非常健壮，没有得过什么病，就是今天误吃了几朵臭麻花子（又名洋金花），才这样的。"华佗连忙说："快找些臭麻花子拿给我看看。"病人的家属把一株连花带果的臭麻花子送到华佗面前，华佗接过闻了闻，又摘朵花放到嘴里尝了尝，顿时觉得头晕目眩、满嘴发麻，华佗不禁惊叹："好大的毒性呀！"华佗后来治愈了这名病人。病人临走时，华佗只要了一捆连花带果的臭麻花子作为诊金。

第九章 光芒永驻——秦汉时期的科学文化成就

从那天起，华佗开始对臭麻花子进行试验，发现这种植物的麻醉效果很好，又经过多次不同配方、不同剂量的反复炮制，发现用其制成药酒麻醉效果更好。于是华佗给这种麻醉药酒起了个名字——麻沸散,并广泛用于手术治疗中。

西方医学开始在手术中使用麻醉药是19世纪40年代,而华佗在公元2世纪就已经在全身麻醉的情况下进行剖腹手术。这说明中医外科手术使用麻醉药的历史至少比西方早1600余年。

在古代中国,药总是被蒙上一层神秘的色彩。当一位患者处于生死攸关的时候,医师能用一剂良药将其治愈,人们便称之为"起死回生""药到病除"。当一个人陷入绝境时,人们又会说他"无可救药"了。所以在古代社会,人们对药的功能有着许多神奇的描述。

神医华佗就经常用"神药"救人于水火之中。有一次,广陵太守陈登忽然感到胸中烦闷,面色赤红,厌食,华佗为他诊脉之后说:"你胃里寄生着一种虫子,是吃鱼腥类的东西所致。"于是便给他开了两服中药,陈登喝下去之后不一会就吐出了好多虫子。这些虫子的头是红的,还能活动,吐出虫子后陈登的病立即好了。华佗又对陈登说:"你的病三年之后还会复发,到时候如果遇见高明的医师还可以治愈。"到了第三年,陈登果然再度发病,但是华佗已经去世了,结果陈登也不治而亡。

有一位名叫李成的军吏,终日剧咳不已,夜间失眠。华佗送给他三钱中药粉,李成服后当即吐出两升脓血,病也渐渐好了。华佗告诫李成说:"十八年后你的病还会复发,到那时如果不吃这种中药,一定会死的。"在李成的要求下,华佗又给他一剂药,以备发病时用。五年后的一天,李成见到邻居有一位病人与他当年的病症十分相似,病情危急,李成顿生怜悯之心,把华佗留给他的药让那位病人吃了,病人获得救治。李成又去找华佗,想再要一剂,正遇上华佗得罪了曹操,被关在监牢里,李成便不忍心向华佗提要药的事。十三年后，李成旧病复发，这时华佗早已被曹操杀害，所以李成因无药救治而死。

华佗虽死，但他的精神、医术被后人称颂至今，他是神医，也是外科医学的鼻祖。

第九章 光芒永驻——秦汉时期的科学文化成就